Livia Klingl
Lauter Fremde!

für Beate

herzlich

livia

Wien, im Dezember '17

LIVIA KLINGL

Lauter Fremde!

*Wie der gesellschaftliche Zusammenhalt
zerbricht*

www.kremayr-scheriau.at

ISBN 978-3-218-01061-0
Copyright © 2017 by Verlag Kremayr & Scheriau GmbH & Co. KG, Wien
Alle Rechte vorbehalten
Schutzumschlaggestaltung: Sophie Gudenus, Wien
Unter Verwendung eines Fotos von Mrtobin / Dreamstime.com
Typografische Gestaltung und Satz: Michael Karner, Gloggnitz
Druck und Bindung: Christian Theiss GmbH, St. Stefan i. Lavanttal

Inhalt

Ja, es stimmt. Eine rasante Zuwanderung führt zu kulturellem Untergang. Das beste Beispiel hierfür ist New York. Zwischen 1830 und 1890 verzehnfachte sich die Einwohnerzahl aufgrund der immensen Zuwanderung. *Die Folgen waren verheerend. Die Stadt brach zusammen. Heute ist New York ein unbedeutendes Fischerdorf an der Ostküste der USA. Keine Sau kennt heutzutage dieses vermaledeite Kaff, das man getrost auch als Wüstung bezeichnen kann.*

Ganz anders hierbei die blühende Metropole Dippoldiswalde im Osterzgebirge. Diese Stadt hat der Völkerwanderung erfolgreich widerstanden und verdient den Ehrentitel Kreisstadt zu Recht. Sie haben mit »DW« sogar ein eigenes KFZ-Kennzeichen. Daran sollten sich die rückständigen Fischer aus New York ein Beispiel nehmen.

Thomas Kunz

Einander fremd

»Lauter Fremde«, »nur noch fremde Gesichter«, »alles so fremd hier!«, »wie die sich benehmen«, »wie die ausschauen«, »schau dir die an!« ...
Sätze aus der Wiener U-Bahn, vom Markt, aufgeschnappt auf der Straße. Zehntausendmal geflüstert, gezischt, laut hinausgeschimpft. Nicht nur in der Großstadt Wien, wo ja tatsächlich jede und jeder Zweite so genannten Migrationshintergrund hat, womit bereits sprachlich in einer Trenn-Form festgehalten wird, dass jemand anderswo als in Österreich geboren ist, oder zumindest seine Eltern. Diese Ausrufe, oft gestöhnt in hörbarer Überforderung mit den neuen Gegebenheiten im Alltag, oft auch in herabwürdigender Abwehr hinausposaunt, hört man auch in den Landeshauptstädten, wo nicht wenige Menschen im öffentlichen Raum, in den Geschäften, an den Universitäten unterwegs sind, die »von woanders« kamen. Man hört sie sogar in Orten, in denen es kaum Zuzug gibt und wo weit mehr Zuzug hochnotwendig wäre, weil die Jungen mangels Zukunftsperspektiven längst abgewandert sind, die gewohnten Geschäfte schließen, das Leben verarmt, verlassene Häuser in Ortszentren verfallen, aber trotz der Tristesse kaum jemand bereit ist, sich mit neuem, jungem Leben aus andernorts anzufreunden. Man bleibt lieber unter sich, in der irrigen Annahme, die anderen im eigenen Umfeld zu kennen und sich vor denen niemals schrecken zu müssen. Dabei ist Xenophobie nichts anderes als ein Verdacht und keine Gewissheit über anderer Leute kriminelles Potenzial. Und alle Formen der Kriminalität gab

es auch, ehe die Fremden zu uns gekommen sind. Damals, in der von vielen glorifizierten »guten, alten Zeit«, wurde man als Kind von den Erwachsenen auch vor »den Fremden« gewarnt, und für weibliche Jugendliche waren gewisse Viertel sowie Parks des Nachts Tabu-Zonen. Es waren die eigenen unbekannten Leute, vor denen man sich nicht sicher fühlte und meinte, sie könnten Böses im Schilde führen.

Damals, in der »guten, alten Zeit«, galt die Fremde als exotische Wunsch-Destination. Ohne das ausreichende Geld begnügte man sich mit 1001 Märchen aus dem Morgenland oder Goethes »Westöstlichem Diwan«. Die Fremde und die Fremden, sie wurden über die Jahrzehnte umdefiniert von »interessant« und »spannend« auf »unzivilisiert« und »bedrohlich«.

Und schon jahrelang sind sie als Kollektiv Projektionsfläche für viele Verschlechterungen im Land. Heute sind sie die Trennlinie schlechthin innerhalb der Ursprungsgesellschaft, die keineswegs, wie gern von Rechten insinuiert, eine homogene, sondern vielmehr eine knapp neun Millionen zählende höchst heterogene Menschenmasse ist. Die Stimmung im einen Teil der Bevölkerung, der alteingesessenen ebenso wie der vor wenigen Jahrzehnten zugezogenen, war wohl noch nie so von Sorge, Angst, Abwehr getrieben wie in der Jetzt-Zeit, während der andere Teil nach weiterer Weltoffenheit und Humanität lechzt.

Geschürte Ängste

Hochgekommen ist diese Verunsicherung gewisser Teile der Gesellschaft im Zuge der Fluchtbewegung des Jahres 2015, der größten seit dem Zweiten Weltkrieg. Aber das Unwohlbefinden gab es bereits davor, übertüncht von einer Schicht Zivilisation, an der rechte Parteien in ganz Europa erfolgreich kratzten, ob es in den jeweiligen Ländern Flüchtlinge in relevanter Zahl gab oder nicht. Und die anderen, die vormaligen Mitte-Parteien, folgten, zeitverzögert, den rechten Forderungen – und gaben im Falle von Österreich den Rechten durch ihr Nachgeben bei Grenzschließung, Obergrenze und Schlechterstellung von Asylwerbern scheinbar erst recht recht.

Wenn die traditionellen Parteien machen, was die Rechten fordern, dann kann es nicht so falsch sein, lautet der Trugschluss, der rechte Bürger aber noch nicht einmal befriedigt. Warum erst jetzt die Grenzschließung, die Obergrenze?, fragen sie, warum nicht schon viel früher? Statt mit dem Nachgeben gegenüber Abschottungsforderungen die rechte Konkurrenz in Schach zu halten, wird sie bestätigt, was wiederum dazu führt, dass die so Bestätigten sich immer stärker in ihrer Angst bestätigt fühlen und immer dreistere Forderungen stellen, sich immer weniger um nationale und internationale Gesetze scheren, ja, dass die Bevölkerung immer perfider auseinanderdividiert wird und sich jene, die ohnehin keine Ausbildung in Humanismus genossen haben, zu immer mehr Gemeinheiten angestachelt fühlen.

Rechtspopulisten würden unzivilisierte Lösungen anbieten, schrieb die Psychiaterin und Psychoanalytikerin Elisabeth Skale im Magazin der NGO »SOS Mitmensch«. Sie gingen dabei zweistufig vor. Zuerst würden Gruppen geformt und Ängste geschürt und dann würden zivilisatorische, ethische und moralische Grundsätze aufgeweicht und ausgehebelt. Populisten setzten sich an die Stelle dessen, was die Psychologie Über-Ich nennt, »und nützen diese Position aus, um dem Einzelnen vieles zu erlauben, was er sich üblicherweise verbietet, oder was man Kindern verbietet, wie aggressiv und missgünstig zu sein oder Schwächere schlecht zu behandeln, auszuschließen und auszugrenzen oder gar zu verletzen und im Extremfall zu töten«.

Wir mögen von Mord und Totschlag aus politischen Motiven weit entfernt sein, aber in den Köpfen herrscht eine Art Bürgerkrieg, ebenso wie in den Debatten in den so genannten sozialen Medien. Seit mehr als einem Jahr verläuft die Frontlinie entlang der Frage »bist du für oder gegen Flüchtlinge?«, aber gleich dahinter stehen viele andere Themen. Insgesamt gebe es zu viele Fremde im Land, meinen so viele und sind zugleich den weltoffenen, den mitfühlenden, den angstfreien Landsleuten fremd. Zu viel Toleranz gebe es im Land, meinen so viele, grundsätzlich und insbesondere gegenüber Minderheiten wie Schwulen und Lesben. Ein erklecklicher Teil der riesigen Mehrheitsbevölkerung fühlt sich als »weiß und hetero« an den gesellschaftlichen Rand gedrängt, nur weil Gay Parade und Verpartnerung erlaubt sind. So viele haben Angst vor einer »Islamisierung«, wiewohl die 500.000 bis 600.000 Muslime, die in Österreich in größter Zahl friedlich und unauffällig leben, nicht schuld sind am Schwund der Christen. Von den derzeit fast 80 Prozent Christen kehren immer mehr ganz ohne Einfluss von Imamen oder sonstigen religiösen, gar islamistischen Seelenfängern der Kirche den Rücken und werden Agnostiker und Atheisten.

Verunsichert und an den Rand gedrängt

Wie aber sollen die so genannten kleinen Leute erkennen und verstehen, dass nicht die vielen Fremden, sondern ganz andere Einflüsse wie etwa die Globalisierung und ihre schwer zu durchschauenden Mechanismen zu viel Unsicherheit führen, wenn die Aufmerksamkeit der Politik, und in ihrem Schlepptau der Medien, permanent und penetrant auf diese Ein-Prozent-Bevölkerungsgruppe der Geflüchteten gelenkt wird und das in den seltensten Fällen in Form von Positivbeispielen für gelungene Integration, sondern meist in Form eines »Problems« statt vieler durchaus zu meisternder Herausforderungen?

Nicht von allen, aber von vielen werden die »Neuen« hartnäckig verantwortlich gemacht für die schleichende Verarmung des unteren Bevölkerungsdrittels, die aber nicht mit den Flüchtlingen, sondern mit der Globalisierung und dem Neoliberalismus auch im wohlhabenden Österreich Einzug hielt sowie mit dem Umstand, dass Einheimische gewisse schlechter bezahlte Jobs nicht mehr machen wollen, bessere aber nicht vorhanden oder die Anwärter nicht ausreichend ausgebildet sind.

An ihnen, den Fremden, reiben sich jene tagtäglich aufs Neue, die diese kompliziert gewordene Welt nicht mehr verstehen, die nicht begreifen, dass eine »Subprime«-Krise in den USA, also die Folgen von ungerechtfertigten Kreditvergaben für Einfamilienhäuser in US-Bundesstaaten, von denen man kaum je hörte, schon vor Jahren ihre Zusatzpension schmelzen ließ. Und die dann nach dem Schrumpfen oder gar dem Verlust ihrer kleinen Ersparnisse über Jahre mit Artikeln und Politiker-Statements gefüttert wurden, dass sie für »die Griechen« in der Solidargemeinschaft EU ein Vermögen zahlen müssen, sich aber wegen der recht aggressiv eingeforderten politischen Korrektheit nicht einmal mehr in eine abwertende Verallgemeinerung à la »faule Griechen« retten dürfen.

Egal, wie wenig Übersicht das gern als »sozial schwach« bezeichnete, de facto finanziell schwache untere Drittel der Gesellschaft über die Finessen der Staatenrettung hat, die im Falle Griechenlands in Wahrheit eine Rettung deutscher und französischer Banken war, eines bemerken auch die Schlichtesten: dass ihr Alltag zum Teil teurer, jedenfalls unübersichtlicher, unverständlicher und somit bedrohlicher geworden ist, dass sie abgehängt wurden. Und dass die österreichische Realverfassung, die da lautete, deinen Kindern wird es einmal besser gehen als dir, aufgekündigt worden ist, still, heimlich und schleichend. Und dass sie nicht einmal mehr reden dürfen, wie ihnen der Schnabel gewachsen ist, dass sie keinen Mohr im Hemd mehr bestellen dürfen, obwohl kein Menschen einen Schwarzen mehr abschätzig als »Mohr« bezeichnen würde. Ja, dass sie, »die da unten«, von »denen da oben« überhaupt nur noch gegängelt und bevormundet und unterbuttert werden. Dass sie abgekanzelt, gar verachtet werden, wenn sie sich nicht nach der angeblichen Korrektheit und Modernität richten, die wohl von einem Teil der Elite in der Sprache gefordert wird, aber längst nicht mehr so laut wie früher in den tatsächlichen Lebensgegebenheiten.

Dabei gaukelt diese politisch korrekte Sprache inklusive dem unaussprechlichen Binnen-I nur eine faire Welt vor, von gleicher Behandlung und gleicher Bezahlung für gleiche Arbeit kann in vielen Bereichen der Arbeitswelt weiterhin keine Rede sein. Es ist aber nicht die Arbeitswelt mit ihrer Ungleichbehandlung Schlachtplatz, sondern die »korrekte« Sprache bei jenen, die sich selber als fortschrittlich bezeichnen würden, und auch bei denen, die traditionell, vielleicht auch hinterwäldlerisch sind. Ausgefochten wird die Schlacht, eben weil sie die Sprache betrifft, ausschließlich unter Österreichern, nicht zwischen Österreichern und Fremden. Es ist nur einer der vielen Belege für die Fraktionierung der alteingesessenen Bevölkerung, der »Bio-Österreicher«, in wortgewaltig Dozierende und bockig Beharrende, eifrig befeuert von den herkömmlichen Medien.

Die große Entsolidarisierung

Vielleicht begann die Frontstellung in einer Gesellschaft, die über keine relevante Zukunftsfrage mehr einen Konsens zustande bekommt, genau bei der political correctness und fand alsbald das noch viel geeignetere Schlachtfeld für die große Entsolidarisierung, die Fremden. Heute verläuft die Frontlinie in den Debatten entlang der Flüchtlingsfrage, wiewohl die ihrerseits ethnisch wie intellektuell inhomogene Gruppe der Flüchtlinge lediglich ein Prozent der Bevölkerung stellt, aber seit vielen, vielen Monaten den öffentlichen Diskurs dominiert, wie sonst keine andere Kleingruppe es je getan hat. Oder erinnert sich jemand an eine mehrjährige schlagzeilenträchtige Auseinandersetzung über Kinder im Krabbelalter, über Rollstuhlfahrer, über gipfelstürmende Senioren oder sonst irgendeine winzige Minderheit von einem Prozent?

Eine indifferente Stellung zu den Fragen der Flüchtlingsbewegung ist fast nicht mehr möglich, Grautöne fehlen vollkommen im Diskurs, ebenso wie Fachwissen, aber jede und jeder hat zu »den Flüchtlingen« eine Meinung. Die ehemals breite Mitte der Gesellschaft wurde zermahlen oder hat sich zermahlen lassen zwischen den beiden Lagern der »Gutmenschen« und der »Patrioten«, der »Bahnhofsklatscher« und der »Retter des christlichen Abendlandes« und niemand in diesem Land bräuchte auch nur einen einzigen Fremden, um sich mit Seinesgleichen zu streiten wie die Kesselflicker. Mit der Umkehrung des »guten Menschen« in einen von Rechten als eine Art »Volksverräter« verunglimpften »Gutmenschen« hat sich auch der Rechtfertigungsdruck gedreht. Heute muss sich erklären, wer hilft, und nicht, wer Hilfe verhindert.

Diese Polarisierung, massiv betrieben von einer Allianz aus Politikern und Medien, hat zum einen zu einer fast schon pathologischen Hysterisierung der Gesellschaft geführt und zum anderen zu einer vielleicht von der Politik durchaus erwünschten Überlagerung aller anderen für ein gedeihliches Zusammenleben von Menschen relevanten Themen und Problemstellungen, wie Chancen für die Jungen durch bestmögliche Ausbildung, ein gerechtes Steuersystem, eine Durchforstung des Regulierungsdschungels und die Frage der Überalterung der Gesellschaft.

Besonders evident wurde das Wegbrechen der Mitte im ersten Durchgang der Präsidentenwahlen, wo die beiden Kandidaten der traditionellen Mitte-Parteien SPÖ und ÖVP gleich gar nicht in die Stichwahl kamen und die Wähler in späteren Durchgängen zwischen einem Rechten und einem Grünen, beides Vertreter von ehemals kleinen Randparteien, zu entscheiden hatten.

Wir leben nicht nur in einer polarisierten, sondern auch einer argumentativ sehr unlogischen Zeit. Dass das Christentum, auf das sich heutzutage so viele in ihrem Anti-Flüchtlingskampf berufen, einst genau aus jenem Nahen Osten eingewandert ist, aus dem heute aufgrund von Kriegen Araber einwandern, darauf wird geflissentlich vergessen. Und nicht wenige derer, die sich auf dieses christliche Abendland, wenn auch nicht auf seine tieferen philosophischen Werte, berufen, würden in ihrer Rage das Unterrichten von arabischen Ziffern in Schulen verbieten wollen, ehe sie darüber aufgeklärt werden, dass das »unsere« Ziffern sind, vielmehr geworden sind, weil die »autochtonen« lateinischen viel komplizierter waren. Zahlen und Ziffern sind nur ein winziger Beleg dafür, dass die Frage eines besseren Lebens in allen Jahrhunderten und allen Weltgegenden eine der Selbsterneuerungsfähigkeit einer Gesellschaft war, die sich gegenüber Neuem zu öffnen hatte, seit Menschen aus ihrem Dorf in die Fremde gingen, erst recht, seit sie Pferdekutschen und Schiffe erfunden hatten und von ihren Reisen mit nahezu all den Gütern zurückgekehrt sind, die heute unser Alltagsleben ausmachen. Und mit vielem, was wir als unsere Kultur bezeichnen, weil wir uns nicht nur Sachen, sondern auch Lebensweisen einverleibt haben.

Doch trotz dieser jahrhundertelangen bereichernden Erfahrung mit dem Handel, aber auch mit intellektuellem Austausch in Medizin, Wissenschaft und Forschung, lautet heute für gut die Hälfte der »Bio-Österreicher« die Devise Abschottung. Und die findet im EU-Europa einen Echoraum mit ausgezeichneter Akustik, egal, ob im jeweiligen Land viele oder gar keine Flüchtlinge leben und ob diese Länder Auswanderungsgesellschaften sind wie Ungarn oder deklarierte Einwanderungsgesellschaften wie etwa Deutschland. Drei Viertel der Österreicher sind unzufrieden mit der Richtung, in die sich das Land entwickelt. Da streiten »Ureinwohner« miteinander, nicht Österreicher mit Fremden. Da zerkriegen sich Freunde und Familienmitglieder, Kegelvereine und Kirchenchöre. Da stehen einander »Ureinwohner« feindlich gesinnt gegenüber und sind einander fremd, viel fremder als die Fremden. Denn nichts ist so fremd wie das eigene, das anders tickt als man selbst.

Dennoch müssen die Fremden herhalten als Sündenböcke für alles, was einem nicht passt, auch für das eigene, kleine, misslungene Dasein. Verwendet, vielmehr missbraucht als Neid und Hass nährende Gruppen-Objekte, denen abgesprochen wird, Individuen zu sein mit einer Seele, mit Schmerzen, Hoffnungen und Zukunftszielen. Das ist nicht nur der Reflex etwas einfacherer Gemüter, sondern längst auch der von namhaften Politikern, und nicht nur von stramm rechten, wobei sich die Rechten nicht mehr nur auf Flüchtlinge fokussieren, sondern auf Migranten ganz allgemein, auf alle, die nicht schon drei Generationen lang da waren. Da der Mensch nun einmal ist, wie er ist, wird dies in drei Generationen wohl nicht anders sein. Dann werden vermutlich die heute so fremden Syrer, Iraker, Afghanen »unsere« sein und die Neuankömmlinge von wo auch immer das Fremde.

Nicht nur eine auf Meinungsumfragen schielende Politik, die aus Österreich eine Umfragerepublik macht statt eine, in der Politik gestaltet und das Vernünftige dann populär gemacht wird, auch professionelle Kommentatoren in den Gazetten und Amateure in den vielfach unsozialen Medien haben sich mit Verve in »die Fremden« verbissen. Diese Abwehrhaltung gab es wohl schon immer, nicht jedoch die Foren, wo jeder seine Ansicht äußern kann, wo sie sich lawinenartig ausbreitet, bis nur noch Verachtung und Hass übrig bleiben. Waren es früher die jeweils neu Zugewanderten wie Jugoslawen oder Türken, die als fremde Gruppen abgelehnt wurden, so hat sich eine Gesellschaft, die sich in großer Zahl so vor einer Re-Religionisierung durch den als rückschrittlich eingeschätzten Islam schreckt, ihrerseits ins Religiöse geflüchtet und hat den Diskurs vom Nationalen ins Religiöse verlagert. Der heutige Gottseibeiuns ist »der Moslem«, dem zwischen Unterdrückung der Frau und Nichtanpassungsfähigkeit an eine moderne Gesellschaft alles nachgesagt wird, was auch die Ursprungsbevölkerung an Attitüden durchaus aufweist, die aber lieber mit dem Finger auf »die anderen« zeigt, als sich selbst zu betrachten.

»Trotzdem gibts vü gschäfdl de lauta kopftiachl einstöhn« – Einträge wie diesen findet man täglich in Online-Foren. Sie zeigen gleich zwei typische, bis vor Kurzem noch verpönte Verhaltensweisen. Zum einen die Kritik an Kopftuch tragenden Frauen, zum anderen die Versachlichung von Personengruppen. Sie sind keine Menschen mehr, sie sind Dinge. Und sind sie Dinge, kann man sie treten, auch physisch.

Meldungen von Übergriffen auf optisch erkennbare Fremde, insbesondere auf Kopftuch tragende Frauen, häufen sich. Ebenso wie Beschimpfungen in der Öffentlichkeit. »Islam-Nazis« schimpfen nun manche die am Äußeren erkennbaren Musliminnen. Die Schimpfer werden ihrerseits von anderen als »Nazis« beschimpft und so beschimpft und verachtet sich eine Gesellschaft, die ja grundsätzlich ein Mosaik aus zahlreichen kleinen Gruppen und Grüppchen ist, beständig gegenseitig in einem Schwarzweißschema ohne jeden Grauton.

Kulturkampf mit Kleidungsstücken

Ähnlich unsachlich wie die Kopftuchdebatte verläuft jene über die Gesichtsverschleierung der Frau, beginnend mit dem Umstand, dass Burka genannt wird, was ein Niqab ist. Die Burka ist das afghanisch-pakistanische Ganzkörpergewand mit einem Gitter vor dem Gesicht und in Österreich so gut wie nie gesichtet worden. Der Niqab ist eine Kopfbedeckung, die nur einen Augenschlitz frei lässt und zu einem meist schwarzen Mantel, der aus Saudi-Arabien stammenden Abaya, getragen wird. Hauptsächlich saudische und

21

emiratische Touristinnen tragen dieses anonymisierende Kleidungsstück. In Deutschland gab es eine Schätzung, dass, abgesehen von Touristinnen, bestenfalls 900 Frauen Niqab tragen, auf Österreich übertragen wären es dann 90. Nimmt man die Intensität der Debatte über dieses in unseren Breiten in der Tat ungewohnte Kleidungsstück, könnte man glauben, das Auftreten komplett verhüllter Frauen hätte epidemische Ausmaße angenommen oder es würden über kurz oder lang auch Nicht-Musliminnen dazu übergehen, sich komplett zu verhüllen, als handle es sich bei Kleidung um eine ansteckende Krankheit. Solche Befürchtungen werden zwar auch in den Online-Foren geäußert, entbehren aber jeder Grundlage, und es stellt sich die Frage, wie wenig Vertrauen in den Staat und wie wenig Selbstbewusstsein und Selbstsicherheit solche Posterinnen und Poster haben, wenn sie meinen, »wir« würden von »denen« kulturell und sozial umgepolt.

Im Sommer 2016 haben die Regierungsparteien die Führerschaft bei der Frage von Verboten für fremdartige Kleider, im Übrigen ausschließlich die von Frauen, übernommen, und aus einer Gesellschaft, die sich in den vergangenen Jahrzehnten vieler Verbote entledigt hat, wurde eine, die täglich ein engeres Korsett aus Reglementierungen und Verboten fordert. Nicht selten erfolgen derlei Kleidungsdebatten unter dem Deckmäntelchen der behaupteten Befreiung der Frau von vermeintlicher oder tatsächlicher Unterdrückung. Die Vollverschleierung sei ein Zeichen der Unfreiheit, deshalb gehöre sie verboten, sagte etwa der Klubobmann der SPÖ, Andreas Schieder, in nahezu unnachahmlicher Unlogik, sekundiert von Außen- und Integrationsminister Sebastian Kurz und akklamiert von zahllosen durchaus »linken Emanzen« in den sozialen Medien. Beim Niqab hat sich eine Allianz zwischen hiesigen Frauen, rechten, linken, schlichten und schlicht am Machterhalt interessierten Regierungsvertretern gebildet, wie sie vor einigen Jahren noch unvorstellbar gewesen wäre. Dabei ist die vollverschleierte Frau in Österreich ein so seltenes Phänomen, dass sie eigentlich keiner Erwähnung wert sein würde. Auch gibt es Gesetze, die das Abnehmen des Schleiers bei Sicherheitskontrollen, vor Gericht und an anderen relevanten Plätzen verlangen.

Dass diese Niqab tragenden Frauen zu Botschafterinnen ihrer Kultur würden und der Niqab auch bei hiesigen Frauen zum Massenphänomen werden könnte, wird wohl niemand annehmen. Dennoch wurde die auf dem Rücken von Frauen über das Aussehen von Frauen geführte Debatte über Wochen und Monate weiter betrieben, wiewohl in unserem Land die Freiheit des Menschen verfassungsrechtlich garantiert ist, die nun in Teilen in Zweifel gezogen wird.

Dass die Vollverschleierung noch dazu nichts mit Religion, sondern mit Tradition zu tun hat, ist den meisten Diskutanten nicht bekannt. In Mekka, dem größten Heiligtum sunnitischer Muslime, ist der Gesichtsschleier auf dem Hadsch, der Pilgerfahrt, verboten und auch die berühmte Al-Azhar-Universität in Kairo, die renommierteste sunnitische wissenschaftliche Einrichtung, lehnt die Vollverschleierung ab. Der Frage, ob ein Verbot dieses Randphänomens in unserer Gesellschaft die betroffenen Frauen befreien oder vielmehr dazu zwingen würde, gar nicht mehr aus dem Haus zu gehen, sie also statt integriert eingekerkert würden, wurde wenig Augenmerk geschenkt. Aus dem Diskurs wurde nicht einer über Sinnhaftigkeit und Verfassungsmäßigkeit, sondern eine Geschmacksdebatte.

Im laizistischen Frankreich wurde aus der Geschmacksdebatte bereits ein Geschmacksgesetz. In Frankreich gibt es dieses seit 2011, und jedes Jahr verzeichnen die Behörden die gleiche Anzahl an Anzeigen wegen Zuwiderhandelns. Angezeigt werden dieselben Frauen, die offenbar an ihrer sektiererischen Lebensweise trotzig festhalten. Die Strafen übernimmt, wie eine Recherche des »Spiegel« ergab, ein reicher Mann. Die verschleierten Frauen legten ihre die Mehrheit so irritierende Kleidung erst recht nicht ab, berichteten aber, sie würden vor allem nach den Terroranschlägen in Frankreich häufiger kontrolliert, mitunter nicht in Supermärkte oder Kinos gelassen und weit häufiger beschimpft als früher. Islamische Verbände dürften somit mit ihrer vor der Gesetzeswerdung geäußerten Befürchtung recht haben, ein so genanntes Burka-Gesetz würde einen legalen Deckmantel bieten, Frauen zu beflegeln.

Fremden-, insbesondere islamfeindliche Vorfälle hat es bei uns vereinzelt auch früher gegeben, aber die Häufigkeit, in der sie heute auftreten, und die Unverfrorenheit, mit der sie getätigt werden, haben eine neue Qualität. Und beschimpft werden nicht nur Muslime, sondern auch Vertreter der Ursprungsbevölkerung, wenn sie sich als muslimfreundlich zu erkennen geben. Immer wieder berichten Flüchtlingshelferinnen insbesondere in ländlichen Regionen, sie würden sich kaum noch auf die Straße trauen, weil sie rüde verbal attackiert würden. Manche berichten von Drohbriefen, einige wenige fühlen sich in ihrem eigenen Land nicht mehr zu Hause.

Hasspostings: Woher sie kommen, wohin sie führen

Nicht selten stehen gerade jene, die fordern, die Fremden, insbesondere die Flüchtlinge, müssten sich unserer Kultur anpassen, mit ihrer eigenen Kultur auf Kriegsfuß. Jedenfalls mit der jahrhundertealten Kulturform der Schriftsprache und mit Humanismus, Respekt und Toleranz, der Basis unserer Gesellschaft, wie folgendes Posting belegt: »das finde ich TOLL! den bei uns ist es Usus – den ins Gesicht zu sehen mit dem man redet!!!! Bei uns ist das – einem nicht anzuschauen oder sein Gesicht nicht zu sehn beim sprechen eine BELEIDIGUNG! Währen wir bei Euch müssen wir uns auch danach richten!!! ODER??? NUR BEI UNS WOLLT IHR ABER DAS WIR UNS NACH EUCH RICHTEN UND IHR NICHT!!!!!!!!!!!!!!«

»Bekommen Mehr geld wie wir kommen rüber zu uns gehen sozahlarmt bekommen 3000 euro in den arsch geschoben die Asylanden ich muß mit 200 euro leben im monat ist das nicht schweinerei«, ist ein weiteres, sehr häufig transportiertes Vorurteil, wonach Flüchtlinge finanziell bestens gestellt wären und man selber nichts habe. In Dutzenden seriösen Artikeln, Radio- und Fernsehberichten wurden falsche Zahlen widerlegt, aber viele Menschen sind schon lange für Fakten nicht mehr erreichbar, weswegen immer mehr Menschen vom Eintritt ins postfaktische Zeitalter sprechen und der deutsche Philosoph und Bestsellerautor Richard David Precht die »normative Kraft des Fiktionalen« als die derzeit gültige nennt.

»Stimmt ganz genau! Scheiß asylanten, ich würd alle abknallen, aber mich fragt ja niemand.« Ein Posting, wie es täglich Dutzende Male abgesondert und erst in jüngerer Zeit gerichtlich geahndet wird – sofern sich jemand findet, der Anzeige erstattet. »wie weit ist Europa gesunken. Besser wäre es gewesen wenn denen ihre Schiffe gesunken wären. Damit wäre in Europa Ruhe. Diese gehören nicht in unsere Welt. Eine wilde Spezies hat hier in Europa nichts zu suchen sie bringen nur Verderben und ihren Hass ihre Kultur zu uns.

25

Tod und Verwüstungen kennen die. Sie kommen alle und machen diesen Terror mit Absciht weil sie weiße Europäer hassen und weil sie alle ausrotten wollen damit ihnen alles gehört. Doch die Schwarzen haben vergessen was der Rest von den anderen Kulturen sprich Islam dann mit ihnen machen wird.« Zu Zehntausenden wird diese Opfer-Täter-Umkehr inklusive Schreibfehlern von vorgeblich zivilisierten Weißen ins Internet gekotzt. »Sollens alle untergehen ist wenigstens wieder Geld fürs eigene Volk da!«, lautet ein mittlerweile gängiger Vorschlag zum Umgang mit Menschen, nicht zuletzt mit Babys und Minderjährigen, sind doch die Hälfte der weltweit mehr als 65 Millionen Flüchtlinge Kinder – dieser Umstand hat sich auch hierorts zumindest bis zu den Medien durchgesprochen.

Tausendfach wird die Abwehr gegen die Fremden täglich nicht nur in Zeitungsforen hinausgekotzt, sondern auch auf Facebook, wo zwar ein blanker Busen vom amerikanischen und entsprechend puritanischen Unternehmen prompt gelöscht wird, aber kaum je eine rechtsradikale Äußerung, auch nicht ein Aufruf zum Totschlag oder Mord.

Nicht zwingend dienen Absonderungen wie die zitierten als psychologisch betrachtet einfache Lösung, damit man sich mit den Schicksalen derer, die da kamen, nicht auseinandersetzen muss. Sie sind oft durchaus ernst gemeinte Forderungen nach Minderstellung von Menschen, einzig und allein aufgrund ihrer Herkunft und zur Erhöhung des eigenen Selbst.

Gesetze, wie sie von rechten Politikern und ihrer Gefolgschaft gefordert werden, widersprechen mitunter der auch von Österreich unterzeichneten Menschenrechtskonvention, aber kaum jemand denkt bis zum Ende, wo denn Schluss sein sollte mit menschenverachtenden Regeln. Diese rechten Politiker und ihre Unterstützer maßen sich auch an, »die Bevölkerung« zu sein und konstruieren eine Illusion, die da lautet, alle Ur-Österreicher wären »wir«, und »wir« stellen uns kollektiv gegen »die«.

Verkannt werden die tektonischen Linien, entlang derer unsere Gesellschaft auseinanderbricht. Sie tut es nicht an der Linie Alteingesessene versus neu Hinzugekommene, sondern eher entlang der städtischen und der ruralen Bevölkerung, zwischen jungen, wenig gebildeten Männern und gebildeteren Frauen, zwischen weltoffenen Menschen und Abschottungswilligen, zwischen Humanisten und Egoisten, Menschenfreunden und Fremdenfeinden.

Knapp 90.000 Menschen haben 2015 einen Asylantrag gestellt, etwas mehr als ein Prozent der Bevölkerung, nicht alle werden bleiben dürfen. Auch nicht die 37.500, die für das Jahr 2016, das Jahr der von der Regierung festgelegten, verfassungsrechtlich bedenklichen »Obergrenze«, vorgesehen waren. Diese Asylwerber kamen als »schwache« Menschen, denn sie kamen als Schutzsuchende, aber bereits die 90.000 waren »stark« genug, die Gesellschaft zu spalten, ohne dass sie sich aktiv an dieser Spaltung beteiligt und sich als Feinde präsentiert hätten. Es hat genügt, dass sie da sind.

Sie brachten ans Tageslicht, was lange in der Gesellschaft schlummerte, ein Unwohlsein mit vielen Aspekten des so genannten modernen Lebens, das Gefühl, von den Eliten, den eigenen und denen in der EU, nicht mehr wahrgenommen, geschweige denn ernst genommen zu werden. Immer mehr seriöse Zeitungskommentatorinnen und -kommentatoren betrachten mit nachdenklicher Aufmerksamkeit all jene, die ihre Wut in diversen Foren auf oft erschreckend vulgäre und orthografisch fragwürdige Weise deponieren. Sie versuchen hinzuhören, hinzufühlen, herauszulesen, warum Menschen der traditionellen Politik ihre Gefolgschaft verweigern und Führerfiguren folgen, mitunter ungehobelten, schlecht gebildeten wie Donald Trump in den USA oder gegen das System auftretenden Putin-Verehrern wie Marine Le Pen in Frankreich oder einem deutschtümelnden Norbert Hofer in Österreich.

Das Wenige, was in dieser erst sehr jungen Phase der Gesellschaftsanalyse bisher herauskam, lässt sich auf folgenden Nenner bringen: Da wollen viele eine Rechnung begleichen. All jene, die über Jahre abgehängt, von den Eliten scheinbar oder tatsächlich verachtet, von den Wohlbestallten belächelt wurden, wollen wahrgenommen werden, den Mächtigen »einen Denkzettel verpassen«.

In den sozialen Medien wird diese meist bei Wahlen ausgeführte Revanche von »den anderen« mit Verachtung quittiert, was die Spirale des wechselseitigen Unverständnisses nur immer enger drehen lässt.

In den USA werden diese oft verarmten Zornigen ohne Zukunftsperspektiven, die ein Milliardär mit absurder Frisur und ebensolcher Sprache mit vielen Lügen begeisterte, »white trash« genannt. Bei uns heißen sie schon lange weit nobler Modernisierungsverlierer, weniger vornehm ungebildete Trotteln. Die rächen sich jetzt, nicht außerhalb des Systems, sondern mittels des Systems, an der Wahlurne. Die deutsche Wochenzeitung »Die Zeit« beschrieb das Aufbäumen dieses lang ignorierten bis verlachten Teils der Gesellschaft in einem Essay im August 2016 als »die Heldengeschichte der Missachteten: Ihr, die angeblich so supertoleranten Besserverdienenden, habt uns jahrelang ignoriert. Wir durften im Reality-TV auftreten, zu eurem Amüsement, das ihr mit eurer ewigen Ironie genießt. Aber jetzt haben wir ins ernste Fach gewechselt. Jetzt wollen wir die Macht, und wir bekommen sie. Ihr habt euch doch immer beschwert, dass wir nicht wählen gehen – tja, aber genau das werden wir jetzt tun.«

Auch ohne Wahlen ist diese Gruppe federführend geworden, sieht man sich die Richtung an, in die sich die Politik in Österreich, in ganz Europa bewegt. Getrieben von rechten Krakeelern setzten Regierungsparteien erst auf gespieltes Verständnis, indem sie meinten, man müsse die »Sorgen und Ängste der Bevölkerung ernst nehmen«, ehe sie diese Ängste in Gesetzesverschärfungen gossen. Die Gesetzesänderungen im Fremdenrecht sind Legion, der Überwachungsstaat ist bestens ausgebaut – die Rufe nach Verschärfung und weiterer Verschärfung verhallen nicht ungehört. Ein Ende ist nicht absehbar. Absehbar jedoch ist, dass den Rechten nachzueifern nicht die Rechten in Schach hält, sondern genau das Gegenteil bewirkt, man bläst ihnen noch Luft unter die Flügel.

Längst schon ist die Rhetorik in Österreich bei vormaligen Mitte-Politikern ebenso wie bei so genannten Normalbürgern wie in einer Gesellschaft, die in ihrer Identität bedroht ist, es ist eigentlich die Rhetorik in einem Land im Bürgerkrieg. In einem solchen muss man sich für eine Seite entscheiden, kann nicht diffus vor sich hinleben wie in einer so genannt normalen Gesellschaft, muss Stellung beziehen in der Schlacht der »Verteidigung der eigenen Kultur«, wobei die Zyniker gern fragen: welche Kultur?

Böse Fremde, gute Fremde

Wie wenig valide Prophezeiungen über das Ausradieren der eigenen Kultur durch Migranten sind, belegt ein Ausspruch des amerikanischen Staatsmannes, Gegners der Sklaverei und Mitautors der US-Verfassung, aber auch Rassisten Benjamin Franklin aus dem Jahr 1747: »Die Beobachtung betreffs der in zu großer Zahl nach Pennsylvania einwandernden Deutschen ist, wie ich glaube, sehr richtig. Dies wird in wenigen Jahren eine deutsche Kolonie werden. Anstatt dass die Deutschen unsere Sprache lernen, müssen wir die ihre lernen oder wie in einem fremden Lande leben. Schon jetzt beginnen einige Engländer bestimmte Wohngegenden zu verlassen, die von Deutschen eingekreist sind, weil sie sich dort aufgrund der abstoßenden, ungehobelten Manieren der Deutschen nicht mehr wohlfühlen. In Zukunft werden womöglich ganze Scharen die Provinz aus demselben Grunde verlassen.«

Tatsächlich ist Philadelphia eine typisch amerikanische Stadt, sieht man von der europäisch geprägten Architektur im Zentrum ab. Und wer versucht, in dieser fünftgrößten Agglomeration der USA, die kurz auch Hauptstadt der USA war und in der die US-Verfassung ausgearbeitet wurde, Deutsch zu sprechen, wird nicht weit kommen. Franklins Skizzierung einer düsteren Zukunft für die ihrerseits zugewanderten Engländer und Iren zeigt dreierlei: Wie leicht man sich bei Prophezeiungen irren kann. Dass Neuankömmlinge eben nicht die Ursprungsbevölkerung verdrängen – Engländer und Iren in den USA sind da die Ausnahme. Und dass den Zuwanderern, egal wo und zu welcher Epoche, gern ausschließlich negative Eigenschaften zugeschrieben werden.

Dieses »die«, wie die Neuankömmlinge unserer Tage in Österreich, aber genauso in Deutschland, häufig genannt werden, steht bei einem erklecklichen Teil der Bevölkerung für Kriminelle, nicht Modernisierbare, frauenfeindliche, übergriffige Fremde, für Barbaren. Schon die alten Griechen bezeichneten jene, die nicht Griechisch, sondern eine ihnen unverständliche Sprache sprachen, als Barbaren. Von der

Antike bis heute hat sich an der Benennung von Fremden kaum etwas geändert. Und auch nicht an der Einschätzung, dass »die« allein schon aufgrund ihrer Herkunft uns nicht ebenbürtig sein können, ja vielmehr zwingend schlechtere Menschen sein müssen als man selbst.

Diese Attitüde hat sich durch die Jahrhunderte gezogen und kocht offenbar immer hoch, wenn die Zeiten unsicher werden, wie schon das vor 400 Jahren geschriebene Stück »Sir Thomas More« zeigt, das u.a. William Shakespeare zugeschrieben wird. In dem Stück geht es um geflüchtete Hugenotten, die »migrants« genannt werden. Der Mob, der sich gegen die Fremden stellt, wird gefragt: »Und wäret ihr verbannt, wohin ginget ihr?« Sie sollten sich Krieg und Verfolgung vorstellen, wird im Stück gefordert, und sich überlegen, was sie täten. Sie würden wohl »nach Frankreich oder Flandern, in jedwed' deutsches Land, nach Spanien oder Portugal, egal wohin, wenn nicht an England grenzend, flüchten: Und ihr wäret zwingend Fremde.« Dann fordert die Hauptfigur, Thomas More, die primitiven Empörten auf, sich vorzustellen, wie es ihnen als Flüchtlinge ginge. »Wärt ihr erfreut, ein Land von so gehäss'ger Wut zu finden, dass es – in Ausbrüchen ekeliger Gewalt – Euch auf dieser Welt kein Bleiben gönnt? ... Was würdet ihr denn denken, würdet ihr so missbraucht?« Das Stück schließt mit den Worten: »Und auf Eurer Seite gewalt'ge Barbarei.«

Wer der Hoffnung war, die Zivilisation würde mehr sein als eine dünne Schicht Firnis über der immer gleichen Art Mensch, die abbröckelt, kaum dass der Mensch gefordert ist, hat anscheinend den Menschen in seinen Grundgefühlen Angst, Abwehr, Aggression verkannt.

Durchgängig ist diese Sicht auf Menschen aber nicht. Die Fremden werden im Fremdenverkehrsland Österreich nur dann als negativ empfunden, wenn bei einer verängstigten oder verärgerten Person der Eindruck entsteht,»die bleiben uns«. Touristen sind, trotz des sprichwörtlichen Grants insbesondere der Wiener, willkommen, lassen die Fremden, die kommen, um wieder zu verschwinden, doch laut»Österreich Werbung« zwölf Milliarden Euro im Sommer und 13 Milliarden im Winter hier. Die»Statistik Austria« weist für das Jahr 2015 135,4 Millionen Nächtigungen in- und ausländischer Touristen aus, die an Übernachtungen fast 18,5 Milliarden Euro brachten, an Gesamteinnahmen waren das 38,4 Milliarden. Sie speisen das Bruttoinlandsprodukt mit 5,5 Prozent.

Begonnen hat die Erfolgsgeschichte des Tourismus übrigens mit dem Kurtourismus. Seit 1875 gibt es Aufzeichnungen über die Reisetätigkeit nach und in Österreich. Als fremd aber werden die Touristen, auch wenn sie ganz anders aussehen als»wir«, sich ganz anders kleiden, nicht Deutsch sprechen und teils andersartige Gewohnheiten haben mögen, nicht oder schon Jahrzehnte nicht mehr betrachtet.

Seltsam, denn unleugbar gibt es Touristen, die so fremd aussehen oder sich so fremd gebärden, dass sie für einen erklecklichen Teil der angestammten Bevölkerung genauso fremd sein müssten wie die Fremden, die gekommen sind, um zu bleiben, also Flüchtlinge, Gastarbeiter, Gaststudentinnen, Wissenschaftler, Opernsängerinnen aus aller Herren Länder.

Von Ländern und Sitten

So sehr die Fremden immer schon in aller Munde waren und wieder sind, so wenig Literatur gibt es über sie. Wer »fremd« googelt, findet zuallererst Krimis und Partnerschaftsportale, kaum soziologische Abhandlungen und Sachbücher über die Frage der Fremdheit, der positiven wie negativen Einflüsse von Zuwanderung auf die Ursprungsbevölkerung, über die Frage einer etwaigen Verträglichkeitsgrenze, erst recht nicht, wer denn definiere, welche Gewohnheit, welche Kleidung, welches Möbel, welches Essen das Richtige wäre und welches in einer nur scheinbaren Logik folglich das Falsche. Als Parameter mag jedoch, wie jeder Vielreisende lernt, gelten: Was man in einer anderen Kultur besonders wenig versteht und ablehnt, ist spiegelgleich zu dem, was Vertreter dieser anderen Kultur bei einem selber nicht begreifen und ablehnen.

Dass andere Kulturen immer nur anders, nicht pauschal besser oder schlechter sind, kann nur begreifen, wer andere Kulturen kennengelernt hat, wer gereist ist in andere Länder mit anderen Sitten, weshalb dem deutschen Naturwissenschaftler und Ethnologen Alexander von Humboldt (1769–1859) das Zitat zugeschrieben wird: »Die gefährlichste Weltanschauung ist die Weltanschauung derer, die die Welt nie angeschaut haben.«

Wer die Gelegenheit hatte, die Welt ein bisschen anzuschauen, wird bedenkenswerte Erfahrungen machen. Während etwa in unseren Breiten bereits Kinderzimmer eingerichtet werden, noch ehe das Baby auf der Welt ist, fiele es in Schwarzafrika kaum einer Mutter ein, ihren Säugling in einem Kinderwagen, weitab von ihrem Leib, vor sich her zu schieben. Die Babys werden an den Körper gebunden, hören die Herztöne der Mutter, fühlen sich sicher und schreien üblicherweise nur, wenn sie Hunger haben oder verdauen. Dieses Wissen um die Notwendigkeit der Nähe eines Säuglings zur Mutter ist auch in unseren Breiten zugänglich und erlebt neuerdings in einschlägigen Magazinen einen Hype. Dennoch boomen Kinderwagen allerschickster Art und im Kinderzimmer hat man ein Babyfon, nicht den Blickkontakt zum Nachwuchs.

Auch beim Essen gibt es kein objektiv gut versus objektiv schlecht. Ob etwas schmeckt, ist eine Frage der Prägung, der Gewohnheit, nicht einmal der Kultur. Nicht umsonst gibt es das Sprichwort »was der Bauer ned kennt, frisst er nicht«. Dass unsere Küche, von der wir annehmen, sie wäre eine der besten der Welt, auf andere nicht die gleiche Wirkung hat, zeigt sich bei Befragungen von Touristen aus dem Nahen und fernen Osten. Oder in deutschen Kochshows. In einer solchen wurden einmal Spezialitäten aus anderen Ländern präsentiert und der Grad der Ekelerregung diskutiert. Da gab es Madenkäse, der für die Deutschen nichts anderes als den Würgereflex aktivierte. In Sardinien gilt er als Delikatesse. Wir essen zwar kleine Sardinen mit Butz und Stingl, aber kaum jemand würde sich an Maden, eine chinesische Spezialität, oder Heuschrecken wagen. Für Chinesen wiederum ist offenbar eine der ekeligsten Speisen bei uns Spinat mit Spiegelei und überhaupt alles, bei dem die Fleischsoße ins Gemüse rinnt und der Teller überquillt mit verschiedenen Zutaten zu einem Fleischgericht. An rohen Fisch, die übliche Mahlzeit in Japan bereits zum Frühstück, hat man sich hierorts, wenn auch nicht als morgendliche Speise, über die Jahre gewöhnt, entsprechende Lokale gibt es in jeder Stadt, das Sushi gehört längst »zu uns«.

So wie das Essen eine Frage der Gewohnheit oder der Gewöhnung ist und jederzeit und überall für Kulturdebatten herhalten kann, so ist es auch die Toilette. Wir sind gewohnt, zu thronen und Papier zu verwenden. Der größte Teil der Menschheit hockt und wäscht sich. Wir finden das abstoßend, gar primitiv. Dabei ist es hygienischer, das Waschen nach dem Stuhlgang sowieso, weswegen nun in unseren Drogeriemärkten teure, mitunter der Haut nicht gerade zuträgliche parfümierte Feuchttücher zum Verkauf aufliegen. Aber auch das Fehlen einer verdreckten Klomuschel sollte einem zivilisierten Menschen eigentlich nicht abgehen, tut es aber. Dabei ist medizinisch erwiesen, dass der Darm für die hohen Toiletten nicht gemacht ist. Er wird abgeknickt. Die Folgen davon sind Verstopfung und Hämorrhoiden. Apotheken und Pharmaindustrie mögen sich an der großen Nachfrage für medikamentöse Abhilfen erfreuen, es käme aber trotz der Mühe mit dem Thron in unseren Breiten kein Mensch auf die Idee, sich ein Plumpsklo installieren zu lassen. Lieber montieren wir im fortgeschrittenen Alter einen Treppenlift, wenn die Oberschenkelmuskulatur nicht mehr fit ist. Und tragen Windeln, wenn die Schließmuskeln ermüden. Beides sind Folgen »zivilisierten« Lebens und in den Plumpsklo-Gegenden fast unbekannt.

Die Toilettenindustrie trägt übrigens der Wissenschaft und den vielen Fremden aus entfernteren Regionen, die auch nach Europa reisen, Rechnung. Die neuen, teuren Toiletten haben eine Wasserspülung auch für den Po und sind niedriger, vielleicht setzt sich ja auch bei uns einmal das Wissen um den eigenen Körper durch und nicht die Gewohnheit. Es gibt neuerdings sogar Modelle auf dem Markt, die beiden Kulturen gerecht werden, mit seitlich angebrachten Trittbrettern, sodass der eine sitzen und der andere

hocken kann. Da sie noch wenig bekannt sind, würden sie
wohl bei den meisten Menschen hier ein Gefühl der Fremdheit erzeugen, fast so fremd, wie einem Menschen vorkom-
men können.

Fremd: Definitionen

Georg Simmel, ein Berliner Philosoph und Soziologe aus
dem 19. Jahrhundert, ortete das Gefühl von Fremdheit in der
»Gleichzeitigkeit von Nähe und Ferne«, ein zeitlicher und
räumlicher Zustand, der auf Touristen allerdings weit eher
zutrifft als auf Flüchtlinge, hat doch die Mehrheit der Österreicher mit Flüchtlingen im echten Leben keine Berührungs-
punkte. Umso mehr allerdings in den Medien und durch Po-
litikerreden und -forderungen, sodass sich die Asylwerber
und Flüchtlinge, auch ohne anwesend zu sein, anfühlen, als
seien sie Teil des realen Alltags.

Der Duden definiert fremd als »nicht dem eigenen Land
oder Volk angehörend; eine andere Herkunft aufweisend;
einem anderen gehörend; einen anderen, nicht die eigene
Person, den eigenen Besitz betreffend; unbekannt, nicht vertraut; ungewohnt; nicht zu der Vorstellung, die jemand von
jemandem oder etwas hat, passend; anders geartet«. Alles
Zuordnungen, die auf Touristen genau so anwendbar sind
wie auf sonstige Fremde. Als Synonyme für fremd listet der
Hüter der deutschen Sprache auf: »ausländisch, auswärtig,
exotisch, fremdländisch, ortsfremd, fernstehend, unbekannt,
unvertraut, (emotional) wildfremd, anders, andersartig, neu,
unbekannt, ungewöhnlich, ungewohnt.« Es sind erkennbar
weniger Begriffe, die Neugier wecken, als solche, die zurück-
zucken lassen.

Die Online-Bibliothek Wikipedia bezeichnet als das Fremde etwas, »das als abweichend von Vertrautem wahrgenommen wird, das heißt aus Sicht dessen, der diesen Begriff verwendet, als etwas (vermeintlich) Andersartiges oder weit Entferntes«.

Das Gefühl der Fremdheit entstehe durch den Ethnozentrismus, über den sich jede Ethnie definiere und von anderen Gruppen abgrenze. Diese Definition ist überholt, denn die Verwerfungen verlaufen nicht entlang von Ethnien, sondern von Gruppen innerhalb der Gesellschaft. Die Ressentiments gegen Fremde allerdings gab es in weiten Bevölkerungskreisen schon immer, es schien nur ein paar Jahrzehnte nicht opportun, sie öffentlich zu äußern.

Misstrauen und Vorsicht gegenüber allem Fremden sei per se nicht ausländerfeindlich, sondern Teil einer rationalen Strategie, heißt es bei Wikipedia. »Das gesunde Misstrauen gegenüber unbekannten Menschen spiegelt sich in jeder verschlossenen Haustür wider. Kindern wird beigebracht, nicht mit Fremden zu sprechen, von ihnen etwas anzunehmen oder gar zu ihnen ins Auto zu steigen.« Ja, wir sperren unsere Wohnungstür ab, wir erziehen unsere Kinder zu Vorsicht und Misstrauen gegenüber Fremden. Aber gegenüber allen Unbekannten, nicht gegenüber einer speziellen Gruppe von Fremden, die sich nach Geburtsort oder Pass definieren ließe. Weil wir unser Hab und Gut und unsere Kinder schützen wollen. Denn das Fremde »bedeutet das Fehlen von Klarheit, man kann sich nicht sicher sein, was sie tun werden, wie sie auf die eigenen Handlungen reagieren würden; man kann nicht sagen, ob sie Freunde oder Feinde sind – und daher kann man nicht umhin, sie mit Argwohn zu betrachten«, analysiert der Soziologe Zygmunt Baumann.

Fremdheit »kann Abwehr im Sinn von Angst bis hin zur Aggressivität hervorrufen; allerdings je nach persönlicher Disposition auch Zugewandtheit im Sinne von Interesse bis hin zur Sehnsucht«, analysiert Wikipedia. Der Begriff der Fremde spiele unter anderem eine Rolle in der Gruppendynamik. Und es gebe nicht nur eine Möglichkeit, mit dem Fremden umzugehen. Man könne es einbeziehen und als Erweiterung der eigenen Fähigkeiten empfinden, als Tor zu neuen Möglichkeiten, gemeinhin als Lernen bezeichnet. Die Integration benötige aber Eigenarbeit. »Ist das Fremde grundlegend und mit Veränderungen des eigenen Verhaltens verbunden, kann damit eine vorübergehende Instabilität, eine Krise während der Neuorientierung verbunden sein«, so Wikipedia weiter.

Was Angst und Frust bewirken

Was vertraut ist, ist eine Definitionsfrage, bestimmt durch die gesellschaftliche Meinung. Diese wird aber nicht, wie in früheren Zeiten, durch Philosophen und Soziologinnen definiert, sondern durch Boulevard-Medien und Populisten, sodass nach ein paar Monaten Flüchtlingsbewegung wie unter Gruppendruck die veröffentlichte Meinung vorherrschte, das Land ächze unter der Last der Fremden. Noch schlimmer, es werde von ihnen in seiner Grundordnung und in seinen Werten bedroht.

Im Dutzendpack wurden Diskussionen losgetreten, ob bei uns bald die Scharia, die islamische Gesetzgebung, eingeführt würde, und diese Scharia wird nicht mit Familienrecht gleichgesetzt, wiewohl sich ein großer Teil der islamischen Gesetzgebung damit beschäftigt, sondern mit Handabhacken

38

und Köpfen. »Wir werden islamisiert«, ist eine der am häufigsten geäußerten Ängste. Wie es möglich wäre, dass eine nicht homogene Gruppe von 500.000 bis 600.000 Muslimen in einer Gesamtbevölkerung von 8,7 Millionen der Mehrheit ihre Religion oktroyiert, wird nicht erläutert, wiewohl vernünftige Experten bei jeder Gelegenheit betonen, dass die Mehrheit der Muslime hier- wie andernorts friedliche und friedliebende Menschen sind und bei uns leben, eben weil sie in Freiheit und Demokratie leben wollen.

Besonders drastisch ist die Meinung einer immer größer werdenden Gruppe nicht-muslimischer Zeitgenossen über angeblich mangelnde sexuelle Schranken von muslimischen Männern. Hunderte Online-Kommentatoren und Facebook-Poster konnotieren täglich aufs Neue den muslimischen Mann mit Vergewaltigung. »Ja die asolanten dürfen alles die dürfen vergewaltigen und morden und was basiert denen nichts«, ist einer der typischen Kommentare unter entsprechenden Zeitungsgeschichten, in einer typischen Orthografie. Diese Vorurteile werden längst nicht nur, wie in diesem Beispiel, von Menschen mit geringem Bildungsgrad geäußert, sie haben die Mitte der Gesellschaft erreicht.

Nicht selten wird die Wut auf das offenbar von vielen so unverstandene, bunt gewordene Leben in einer Gewalt herbeisehnenden Weise ausgedrückt, wie sie gleichzeitig den Fremden unterstellt wird: »Ich hoffe die gutmenschen werden mal in den arsch gefickt ... sorry für die Ausdrucksweise aber wenn man jeden tag von denen was hört ... wird der Hass immer größer ... ich sehe nicht ein das meine Kinder zu hause schwitzen müssen ... und mancher Abschaum sich im frribad abkühlen darf ... und noch dazu gratis.«

Mittlerweile gibt es Umfragen unter diesen Fremdenfeinden. Gemeinsam ist ihnen Frust über das eigene Leben. Und nicht selten ist, wie eine von der deutschsprachigen Ausgabe der »Huffington Post« zitierte Mitgliederbefragung der Partnervermittlung »Gleichklang« ergab, besonders Frust im Liebesleben. Es klinge wie Satire, sei aber keine, leitete die »Huffington Post« ihren Artikel ein, »aber: Fremdenfeinde sind in besonderem Maße von ihrem eigenen Liebesleben enttäuscht«. So seien 37 Prozent der Enttäuschten der Meinung, dass Deutschland weniger Flüchtlinge aufnehmen solle, da es sich um massenhaften Asylmissbrauch handle. Bei den Nicht-Frustrierten lag der Prozentsatz bei zehn Prozent. Bei den Liebesfrustrierten hätten 38 Prozent angegeben, eine Abschottungspolitik zu unterstützen, bei den Glücklichen seien es nur zwölf Prozent unter den tausend Befragten gewesen.

Man mag von einer solchen Umfrage nicht viel halten, interessant waren aber die Kommentare auf den viele hundert Mal geteilten Artikel: Die einen amüsierten sich über die »Bösmenschen«, die noch dazu keinen oder schlechten Sex hätten, die anderen wurmte, dass sie als »Nazis« abgestempelt würden und nun noch nicht einmal ein wohltuendes Liebesleben hätten. Die Reaktionen folgten genau der Trennlinie, die es in der Bevölkerung gibt, auf der Seite der »Gutmenschen« mit einem ordentlichen Schuss Verächtlichkeit gegenüber den anderen, und auf deren Seite mit der immer gleichen, eklatanten Humorlosigkeit und Wut gegen alle, die nicht so sind wie sie selber.

Wer sich als halbwegs normaler Mensch mit einer intakten Gefühlswelt den Wahnsinn antut, in Online-Foren oder auf einschlägigen Facebook-Seiten zu stöbern, bekommt zunehmend das Gefühl einer beinahe schon kollektiven Hasswelt. Und die Spirale dreht sich täglich enger, in Österreich, in Deutschland, in ganz Europa.

»Wer von Menschen wie von einer Seuche spricht, hat Europa verraten, indem er vorgibt, es zu schützen«, mahnte der deutsch-iranische Schriftsteller und Orientalist Navid Kermani. Gehört wurde er nicht in dieser Krise, die das Unverständnis für die Bedeutung einer Solidarunion sowie der relevanten Probleme wie Steuerflucht oder Klimawandel, die alle nicht national gelöst werden können, ausdrückt und die das gesamte EU-Europa erfasst hat. Vielerorts, wie in Ungarn oder Polen, sind längst rechte Politiker an der Macht, die die Demokratie mit ihrer Meinungsfreiheit aushöhlen. In Frankreich ist der Front National stärker denn je, in Großbritannien hat sich eine 52-Prozent-Mehrheit gegen »Europa« ausgesprochen und in Österreich liegt die FPÖ seit vielen Monaten in Umfragen für die Parlamentswahlen stabil auf Platz eins. Keine der genannten Parteien punktet mit einem anderen Thema als mit der Abschottung und Schlechterstellung von Migranten, sofern man sie nicht überhaupt gleich loswerden möchte.

Auslöser für diesen Drall nach rechts mag unter anderem auch die Flüchtlingsbewegung von 2015 gewesen sein, aber sie kann nur etwas zutage gefördert haben, was in unseren Gesellschaften drinnen steckte. Die niederen Instinkte, sie waren offenbar nur abgepuffert durch ein im Weltvergleich enorm sicheres, wohlhabendes Leben.

Am Wendepunkt

Eine Folge der Verunsicherung aus so vielen Gründen ist der abweisende Umgang mit den Fremden, mit dem Fremden: Es wird ausgegrenzt. Diese Ausgrenzung verhindert aber laut Wikipedia die Auseinandersetzung mit Neuem. »Solange sich die interne Begegnung mit dem Fremden vermeiden lässt, stärkt es eventuell das Bestehende«, heißt es im Online-Lexikon. Und man ist geneigt, diese Annahme ganz und gar nicht zu glauben. Vielmehr verfestigt sich der Eindruck, dass das Fremde auf eine Gesellschaft mit einem Minimum an Selbstbewusstsein gestoßen ist, die entsprechend verstört reagiert. Wie sonst könnte man sich erklären, dass so viele, auch Politiker, Journalisten und sonstige Experten, so vehement darauf dringen, wir müssten unsere Kultur verteidigen? Vor wem? Vor einem Prozent Flüchtlingen, die hierhergekommen sind, eben weil sie zumindest die Eckpfeiler unserer Kultur – Friede, Stabilität, Sicherheit, Menschenrechte – schätzen? Vor Migranten, die unser Alltagsleben am Laufen halten, die für saubere Büros und Wohnungen sorgen, für die Nahversorgung, die Kranken- und Altenpflege und auch für viel kulturellen Genuss?

Eine ethnisch homogene Gesellschaft hat es in Österreich seit Jahrhunderten nicht gegeben, dafür sorgte erst die Monarchie, die auch Muslime als Soldaten verteidigten, weswegen es in der Steiermark einen uralten muslimischen Friedhof gibt und der Islam seit 1912 anerkannte Religionsgemeinschaft in Österreich ist. Nach den zwei Weltkriegen sorgte der Bedarf der ab den 1960er-Jahren boomenden Industrie für Zuzug aus Jugoslawien und der Türkei, und seit Österreichs Beitritt zur Europäischen Union 1995 gibt es die Niederlassungsfreiheit, sowohl für Österreicher im EU-Raum als auch für EU-Bürgerinnen und -Bürger im Alpenland.

Diese Menschenbewegungen führten in Österreich dazu, dass im Jahr 2015 jeder fünfte Bürger so genannten Migrationshintergrund hatte, das waren 1.812.000 Menschen, bei denen beide Elternteile im Ausland geboren wurden. Von den 1.812.000 Personen sind 478.000 in Österreich geboren und dennoch so genannte Migranten, weil eine Geburt in Österreich nicht – wie etwa in den USA – gleichbedeutend mit dem Erwerb der österreichischen Staatsbürgerschaft ist. Im Jahr 2015 ist die Zahl in Österreich lebenden Personen auf 8.629.519 gestiegen, denn es sind 214.000 Menschen zu-, aber nur 101.000 Menschen weggezogen. Diese massive Steigerung der Bevölkerungszahl ist auf die Fluchtbewegung zurückzuführen, es kamen um 56 Prozent mehr Zuwanderer als 2014. Die knapp 90.000 Asylwerberinnen und -werber waren etwa so viele wie 1992 wegen des Kriegs in Bosnien, und um rund 20.000 Zuzügler mehr, als Österreich nach dem Ende des Eisernen Vorhangs verzeichnete.

Die meisten Flüchtlinge kamen aus den Bürgerkriegsländern Syrien (Krieg seit 2011), Afghanistan (Krieg seit 1979) und Irak (Krieg seit 2003). Dieser Zuzug ist mit ein Grund, dass die Bevölkerungsstatistik von 2015 ausweist, dass jeder sechste Zuwanderer nicht Deutsch spricht, aber auch nicht mehr schulpflichtig ist. Der Mangel an Verständigungsmöglichkeiten ist eines der großen Ärgernisse in der Ursprungsbevölkerung und dieser Ärger ist zurückzuführen auf die mangelnde Integration der so genannten Gastarbeiter in den 1970er- und 1980er-Jahren und auch von deren Kindern.

Heute weiß man, dass der Spracherwerb das wichtigste Mittel zur Integration ist. Aber obwohl man das weiß, mangelt es an Deutschkursen für Flüchtlinge. Und jene, die schon seit Jahrzehnten hier leben, aber die Landessprache nicht oder nur unzureichend sprechen, kann man mit Angeboten zum Spracherwerb offenbar erst recht nicht locken.

Dass sich entgegen den zahllosen Hass-Kommentaren in der Cyberwelt die tatsächliche Stimmung gegenüber den Neuzuzüglern verbessert hat, zeigte eine vom Außenministerium in Auftrag gegebene Umfrage im August 2016. Waren im

Jahr 2010 nur 31 Prozent der Befragten der Ansicht, dass die Integration sehr gut oder gut funktioniere, stieg diese Zahl auf 48 Prozent. Es stieg allerdings auch die Zahl jener, die Zweifel haben. Und es stieg in ganz Europa die Zahl jener, die die Flüchtlingsfrage als eine Schicksalsfrage ansehen, an der unsere Gesellschaft und die gesamte EU zerbrechen könnten. So wie Österreich steht auch das historisch betrachtet gerade erst einer finsteren Historie und dem Kalten Krieg entrissene gemeinschaftliche Europa an einem Wendepunkt: Zurück zum Nationalismus oder nach vorne zu etwas Neuem, noch Unbekanntem, in Einheit.

Was die Entwicklung nach dem denkwürdigen Fluchtjahr 2015 jedenfalls offenlegte, sind unsere eigenen Schwächen, unsere Unsicherheit, unsere Angst, unser Mangel an Flexibilität und Kreativität, unser Mangel an neuen, mehrheitsfähigen Ideen, an Selbstbewusstsein und Courage und an einem neuen Narrativ der EU. Diese durch Kriege gespeiste größte Migrationsbewegung seit dem Zweiten Weltkrieg fordert aber – genauso wie die weit relevanteren Themen Globalisierung, Klimawandel, die immer weiter aufgehende Schere zwischen Arm und Reich – von jedem in Österreich Ansässigen, sich selber Fragen zu stellen: Wer bin ich, welche Identität, welche Identitäten habe ich, nach welchen Kriterien definiere ich mich, welche Fähigkeiten habe ich? Wann und warum habe ich mich im eigenen Land, im eigenen Freundeskreis, in der eigenen Familie fremd gefühlt? In welcher wie organisierten Gesellschaft will ich leben? Die Flucht ins Gestern, auf die Insel der Seligen, wird – noch dazu in einer niemals ethnisch rein gewesenen, überalterten Tourismus- und Exportnation – nicht zukunftsträchtig sein und der Stolz auf den Geburtsort oder den Pass nicht ausreichend für dauerhaftes Wohlbefinden.

Wir werden einen Modus vivendi finden müssen, wir alle, die wir in diesem Land leben, egal, wo wir geboren sind, an welchen Gott wir glauben oder auch nicht, ob wir arm oder reich sind, jung oder alt, Frau oder Mann, wie wir sexuell orientiert sind und ob wir lieber Hunde haben oder Katzen. Wir, die wir in diesem Land, einem der wohlhabendsten und dem drittsichersten weltweit, leben, sind dazu verdammt, einigermaßen miteinander auszukommen. Denn die Alternative lautete: Jeder gegen jeden, und die kennt enorm viele Verlierer.

Ich: Und lodern die Konfliktherde vom Vorjahr
schon wieder in der Klasse?
Tochter: Nein.
Ich: Wow. Was ist anders?
Tochter: Wir haben einen neuen Mitschüler.
Ich: Und was macht der?
Tochter: Nicht viel. Kommt aus Aleppo. Er war
ein Jahr mit seiner Mutter unterwegs, um hier-
her zu kommen. Sein Vater ist im Krieg.
Ich: Das ist unfassbar.
Tochter: Ja. Wir wollen es jetzt alle richtig gut
machen: die Mädchen, die Buben und die Lehrer.
Wir bekriegen uns nicht mehr gegenseitig. Er soll
doch nicht das Gefühl haben, dass er nach einem
Jahr Flucht in der Hölle gelandet ist.

Von Barbara Guwak,
Dialog mit ihrer Tochter

Die vielen Gesichter
des Landes

Ich hatte das Glück, mit dem so genannten Fremden schon als Kleinkind in einen zwanglosen, selbstverständlichen Kontakt geraten zu sein, denn ich hatte an Bildung interessierte und auf die Welt neugierige Eltern: eine Mutter, die schon in einer Zeit in den USA war, in der andere bestenfalls bis auf den Semmering gekommen sind, und einen Vater, der sich nicht primär für Herkunft, Religion und gesellschaftliche Stellung einer Person interessierte, sondern für Hirn, Humor und Haltung.

Französische Lieder im Sacré Cœur schon mit zweieinhalb, englische Kindermädchen, die erste »Negerpuppe« – wie es damals hieß – in meinem gesamten Umfeld, der erste einmonatige Auslandsaufenthalt bei einer französischen Familie mit 12 Jahren, der zweite mit 14 – das prägt und erzeugte einen stabilen Unterboden für ein angstarmes Dasein zu Hause wie in der Fremde.

Der Beruf als bezahlte, beobachtende Reisende vor allem in Gebiete, die man als Tourist eher meidet, machte die Neugier auf anderer Menschen Lebensweisen und Ansichten nicht kleiner, sondern immer nur größer. Die anderen, sie waren nicht abstoßend, sondern exotisch und faszinierend. Und es gab keine Weltgegend, in der ich nicht hätte etwas lernen können, meist über die anderen, immer aber über mich selbst.

Nach ein paar Jahrzehnten voller Ausflüge in viele fremde Länder ist für mich klar: Die Anderen, oftmals in meinem eigenen Kulturkreis pauschal übel Beleumundeten, sind letztendlich nur anders, nicht wesentlich besser oder schlechter, selbst wenn sie in bitterer Armut leben, im Bürgerkrieg oder in einem langweiligen Reichen-Ghetto in der so genannten Ersten Welt. Fremde Kleidergewohnheiten erklären sich viel eher durch das Klima als durch die Religion, weswegen in Indien auch Hindus den Kopf vor der Sonne schützen und nicht nur Muslime. Und weswegen in heißen Regionen die Menschen grundsätzlich in weiten, langärmeligen Gewändern auf der Straße wandeln und jeder frisch angekommene, unbedarfte Tourist am Sonnenbrand zu erkennen ist wegen seiner hochmodischen, westlichen, schweißtreibenden Kleidung.

Ob Menschen mit den Fingern essen oder mit Messer und Gabel, ob das Brot in Fladen- oder Laibform gebacken wird, ob man Gott, Allah, Jahwe oder Amaterasu, wie die wichtigste Göttin im japanischen Shinto-Glauben heißt, sagt, unterscheidet uns Menschen weit weniger als der Charakter, die Talente, die geistigen Fähigkeiten, die Herzensbildung.

Ich konnte mich in Afghanistan bei einem Frühstück mit einer Apothekersfrau und ihren nahen weiblichen Verwandten, im Türkensitz auf dem Boden kauernd, in einer fremden Umgebung heimisch fühlen, denn gelacht haben wir über die gleichen Dinge und auf die gleiche Weise, am meisten übrigens über die Männer. So wie alle Menschen auf ähnliche Art körperlichen oder seelischen Schmerz, Furcht, Freude, Hoffnung spüren, so tranken in Afghanistan nicht Einheimische und eine Fremde Tee, sondern Frauen aus einer vergleichbaren gesellschaftlichen Schicht mit einer vergleichbaren Sicht auf die relevanten Dinge wie physische und soziale Sicherheit sowie Lebenschancen für sich und die Kinder.

Das Zugehörigkeitsgefühl ist für mich wie das Fremdheitsgefühl unabhängig von Geburtsort und Pass. Fremd kann der Nachbar sein, der von derselben Hebamme in derselben Geburtsklinik auf die Welt befördert wurde wie man selbst, der aber ganz andere Werte vertritt, ein anderes Vokabular benutzt, andere Ängste hat als man selbst und sie anders verbirgt.

Dass Fremdheit nicht am Geburtsort, der Nationalität, dem Glauben festgemacht werden kann, belegen die 21 folgenden, alphabetisch gereihten Porträts von Menschen, die in Österreich leben und sich Gedanken machten, was »fremd« für sie bedeutet, wo und warum das Gefühl von Fremdheit auftaucht und wie man damit umgehen kann in einer Gesellschaft, die nie wieder so einheitlich sein wird, wie sie in der »guten, alten Zeit« schien, denn tatsächlich war damals die Gesellschaft genau so zerstritten wie heute, nur eben unter Einheimischen. Als letztes Porträt folgt, außerhalb der alphabetischen Reihenfolge, jenes des EU-Politikers Johannes Voggenhuber, der sich Gedanken über den alten Kontinent Europa macht und über das Fremde, das diesen Kontinent seit Jahrhunderten bereicherte.

Ich habe auch den rechten Intellektuellen Andreas Mölzer und den FPÖ-Spitzenpolitiker Norbert Hofer um ihre Sicht zu Fremdheit und einer divers gewordenen Gesellschaft gebeten. Antwort gab es keine, was auch eine Antwort ist.

»Ich will hier ein Erwachsener sein, kein Kind und kein Opfer«

Rabee Alrefai, 1984 geboren, stammt aus der syrischen Stadt Daraa, wo im März 2011 der Aufstand gegen Machthaber Assad und damit der Krieg begann. Mit seiner damals knapp dreijährigen Tochter Selena, seinem einjährigen Sohn Kerim und seiner 25-jährigen Ehefrau Rawan floh der Arzt nach Europa. Zielland war Deutschland, aber in Österreich wurde die Familie erwischt und vor die Wahl gestellt: entweder hier die Fingerabdrücke nehmen zu lassen oder zurückgeschickt zu werden. Die Alrefais sind als Flüchtlinge anerkannt und leben in einem Ort nahe Tulln. Das Gespräch fand auf Englisch statt.

Er habe den hiesigen Lebensstil gekannt, ehe er herkam, erzählt der attraktive, studierte Mediziner in seiner ebenerdigen Mietwohnung mit Garten in einem kleinen Ort bei Tulln. Denn er hatte vor, nach Großbritannien zu gehen, um dort zu arbeiten, weshalb sein Englisch auch recht gut sei. »Ich hatte mich auf die Prüfungen als Arzt in Großbritannien vorbereitet. Ich hatte schon europäische Freunde, als ich Student an der Medizinischen Fakultät in Damaskus war. Sie lernten dort Arabisch, also kannte ich den europäischen Lebensstil auch durch sie ein bisschen. In Europa war ich vorher nicht. Aber ich war dann sehr erstaunt, wie ihr hier Dinge organisiert. Österreich ist ein sehr organisiertes Land. Ich mag das, das erleichtert das Leben sehr. Man weiß immer, was man zu tun und zu lassen hat. Das ist für uns fremd und zugleich gut. Eine gute Art des Fremdseins«, sagt Rabee Alrefai, während seine Kinder lachend herumwuseln.

»Die Leute hier sind manchmal ein bisschen fremd für uns. Die Menschen sind direkt, das sind wir nicht gewohnt. Hier sagt man sofort, was man denkt. Das war am Anfang ungewohnt und wir wussten nicht, wie wir damit umgehen sollen. Aber mit der Zeit macht es die Sache leichter. In Syrien ist es sehr höflich, einem Gast, der fertig gegessen hat, zu sagen, er solle mehr nehmen. Wenn man ihn nicht einlädt, mehr zu essen, wäre das unhöflich. Wenn ein Gast sagt, dass er jetzt gehen müsse, wäre es unhöflich, ihn nicht zu bitten, länger zu bleiben. Hier ist es direkt. Wenn jemand sagt, dass er gehen möchte, heißt das, er möchte gehen. Wenn wir ihm hier sagen würden, er möge noch bleiben, würde das für ihn fremd sein, denn warum sollte jemand, der gehen muss, noch weiter bleiben? Und warum sollte jemand mehr essen, als er will? Ich kannte diese Einstellung, aber meine Frau hat eine Zeit gebraucht, diese Gewohnheit zu verstehen.«

Ähnlich ungewohnt seien die Umgangsformen mit Bekannten. Man könne hier nicht einfach jemanden besuchen gehen, ohne eine Verabredung zu haben. Hier sei es normal zu sagen, ich habe keine Zeit. »Das ist ein bisschen seltsam für uns. Aber für mich ist es wesentlich angenehmer. Man kennt seine Grenzen.«

Wirklich fremd sei das Transportsystem gewesen. In Syrien gibt es keine Züge. Man hängt von Taxis ab, vor allem in den Städten. »Hier ist das anders. Ihr habt exakte Zeiten für Busse und Züge. In den sieben Monaten, die ich jetzt bei Tulln lebe, habe ich noch kein einziges Mal ein Taxi genommen. Auch wenn ich nach Wien will, finde ich hier kein Taxi auf der Straße. Hier muss man eine Taxizentrale anrufen. Das war am Anfang schon sehr fremd für uns.«

Die Sprache ist natürlich auch sehr fremd. Der sehr umgängliche und offene Rabee Alrefai hat den Verdacht, dass viele Leute hier keine Lust haben, mit ihm Englisch zu sprechen, obwohl sie es können.»Wenn ich auf Deutsch einen korrekten Satz sage, kann ich das Glück in den Gesichtern sehen. Dann heißt es: ›Oh, Sie sprechen Deutsch!‹ Das ist komisch für mich. Wir leben in der Globalisierung, die Welt wurde so klein, da muss man sich doch nicht darauf konzentrieren, in welcher Sprache ich spreche, sondern auf meine Person, darauf, was ich für ein Mensch bin! Wenn ich Englisch spreche, dann doch nur, weil ich es kann, nicht, weil ich nicht Deutsch lernen will! Wenn ich fehlerfrei Deutsch sprechen können werde, dann werde ich es sprechen! Aber die meisten wollen, dass ich Deutsch spreche. Selbst wenn wir eine Party haben, Bier oder Wein trinken, selbst dann geht es dauernd darum, dass ich Deutsch spreche! Apropos Wein, die Leute hier trinken ja sehr viel, wie ich meine, und sie bringen Wein mit. Das findet meine Frau sehr seltsam, das tun wir nicht in Syrien. Aber ich habe ihr erklärt, das ist eine Tradition, Wein mitzubringen.«

Wirklich wichtige Dinge aber seien ihm in Österreich nicht fremd. Seine Frau hingegen, die Kopftuch trägt, wenn sie das Haus verlässt, hat den Eindruck, sie werde damit nicht akzeptiert, erst recht nicht willkommen geheißen.

Was für einen Flüchtling wirklich fremd sei,»ist diese Sache mit der Religion. In Syrien habe ich die islamische Religion, aber auch andere, immer attackiert. Hier muss ich dauernd den Islam verteidigen, weil er angegriffen wird. Hier glauben die Leute auch, man wäre entweder für Assad oder für den IS. Die Frau, die mich für mein Asylansuchen interviewte, fragte mich, ob ich für Assad sei. Als ich verneinte, sagte sie entsetzt: ›Oh! Dann sind Sie für die Terrororganisation IS!‹ Warum sollte ich eine Wahl treffen zwischen zwei kriminellen Organisationen?!« Der Mangel an Wissen über die Religion und die so komplexe und komplizierte Politik in Syrien sei schon irritierend.

»Als Flüchtling gibt es überhaupt viele ungewohnte, viele harte Dinge, die nicht existieren würden, wäre ich als normaler Arzt hergekommen. Ich habe den Eindruck, ich muss andere verteidigen. Was zu Silvester in Köln passiert ist, hat in mir das Gefühl geweckt, ich müsse die anderen Flüchtlinge verteidigen.« Wobei Rabee Alrefai knapp nach den so schockierenden Ereignissen einen langen, auf Englisch gehaltenen, sehr berührenden Facebook-Eintrag an die aus seiner Sicht so großartigen europäischen Frauen geschrieben hatte, der enorm viel Zuspruch erhielt, von Frauen genauso wie von Männern.

»Aber wann immer seither ein Problem entsteht, denken viele, das geschah, weil wir so viele Flüchtlinge haben! Da bekomme ich den Eindruck, ich müsse ständig sagen: Nein, so sind wir nicht. Ich hasse es, in dieser Situation zu sein, dauernd Flüchtlinge zu verteidigen. Das ist wirklich fremd für mich, denn ich tue ja überhaupt nichts Falsches. Warum also muss ich dauernd über Dinge reden, die ich gar nicht tue? Ich habe nicht ein einziges Problem in Österreich hervorgerufen, habe viele Freunde hier und habe Träume hier. Aber ich muss dauernd über Flüchtlinge reden, denn ich bin ja einer von ihnen. Und wenn sich einer daneben benimmt, denken die Leute, wir sind alle gleich und tun alle den gleichen Mist. Das ist mühsam und geht auf die Nerven. Man ist kein Individuum mehr, sondern Teil einer Gruppe. Ich kann nicht mehr über mich oder meine Familie reden, ich finde mich in der Situation wieder, dass ich einer von Tausenden bin. Das geht mir enorm auf die Nerven. Selbst mit Freunden ist das so. Die meisten meiner Freunde denken auch, sie müssen helfen. Das ist fremd für mich. Ich bin es nicht gewohnt, Freunde zu haben, die meinen, sie müssten helfen. Ich brauche normale Freunde! Die Freunde hier kümmern sich um meine Deutschkurse, meine Papiere, mein alles. Das ist gewöhnungsbedürftig. Ich hätte einfach gern ein normales Leben. Ich will ein Erwachsener sein, kein Kind und kein Opfer. Ich fühle mich hier wie ein Opfer. Ich bin ein Opfer von Assad, vom IS und von jedem dummen Syrer, ein Opfer der USA, Russlands, das weiß ich. Aber ich bin auch ein Opfer dieser Gesellschaft hier.«

Freunde würden ihm zum Beispiel raten, viel Nachrichten zu hören, damit sich sein Deutsch verbessert.»Aber ich hasse es, Nachrichten zu hören. Denn jedes Mal, wenn ich österreichische Nachrichten höre, höre ich ein Wort: Flüchtlinge *(er sagt es auf Deutsch)*. Flüchtlinge, Flüchtlinge, Flüchtlinge. Warum reden die immer über mich? Ich stelle kein Problem dar, warum hören die nicht auf, über mich zu reden, über Flüchtlinge? Wir kamen nicht hierher, um unsere Welt hier aufzubauen. Wir kamen, weil wir gezwungen waren. Das sollte man doch verstehen! Wenn eines Tages der Friede nach Syrien zurückkommt, werden fast alle Syrer zurückgehen, da bin ich mir sicher. Es gibt eine Gruppe auf Facebook für syrische Flüchtlinge. Gestern gab es da die Frage, wer würde nach Syrien zurückkehren, wenn es Frieden gäbe? 90 Prozent antworteten, sie würden auf der Stelle zurückgehen, selbst in den Schutt und das Nichts, aber zurück nach Syrien!«

Was auch fremd sei: Dass so viele hier keine Ahnung von Syrien haben. Man habe hier etwa versucht ihm beizubringen, wie man eine Waschmaschine benutzt. »Ich fand das sehr komisch, denn ich komme aus einem Land, das Wissenschaftler, Dichter, sehr gebildete Menschen hatte, eines der ältesten Länder der Welt mit einer der ältesten Hauptstädte der Welt. Wieso glauben die Menschen hier, wir wüssten nicht, wie man eine Waschmaschine bedient? Ich lasse diese Menschen erklären, denn sie wollen ja wirklich helfen und ich will nicht unhöflich sein. Die mögen mich ja, also lasse ich sie reden und sage dann danke. Wenn ich dauernd erklären würde, dass ich das alles kenne, würden die Leute glauben, ich sei undankbar. Das ist auch ein Problem hier: Wir müssen unentwegt unsere Dankbarkeit zeigen. Wir sind ja wirklich dankbar, denn ihr, also viele von euch, habt unendlich viel getan für uns und wir fanden hier, was wir vermissten, nämlich Frieden und ein paar Träume von einer Zukunft. Aber wir müssen eben andauernd zeigen, wie dankbar wir sind, das war ich nicht gewohnt.«

Rabee Alrefai hatte ein sehr gutes Leben in Syrien. Er hatte zwei Jobs, hat als Arzt gearbeitet und in einer medizinischen Firma. Er hatte ein schönes Haus, 110 m², in Daraa, dort, wo alles begann am 18. März 2011, einem Freitag. Der Arzt hatte damals Dienst im Spital. »Ich habe das erste Opfer der Sicherheitskräfte operiert. Die Schießereien begannen um 13 Uhr und ich hätte niemals gedacht, dass ich fünf Jahre später in Österreich leben würde. Wir dachten, das dauert zwei, drei Wochen, vielleicht einen Monat, dann würde es vorbei sein. Wir dachten keine Sekunde, dass das immer ärger und ärger würde und wir Syrien verlassen müssten. Der, den ich operiert habe, hat überlebt. Aber drei, die mit ihm waren, sind gestorben. Das geschah 500 Meter vom Spital entfernt. Ich hörte die Schüsse, aber ich hatte keine Ahnung, was da draußen passierte.«

Wieder betont er, dass er und seine Familie wirklich ein gutes Leben hatten, dass die Verarmung mit der Inflation während des Krieges kam, dass vor 2011 eine Million syrische Pfund 20.000 Dollar entsprachen und heute 2000 Dollar. »So haben wir alles verloren. Um hierher zu kommen, meine Frau, meine beiden Kinder und ich, brauchten wir 10.000 Dollar, aber wegen des Wertverlusts der syrischen Währung war das sehr viel Geld. Statt dass in Österreich die ganze Zeit über die Flüchtlinge geredet wird, hätte ich so gern, dass die Leute erfahren, welche Art Flüchtlinge sie hier haben, das würde die Sache leichter verständlich machen. Und zu wissen, durch welche Schwierigkeiten diese Menschen gegangen sind, um hierher zu kommen. Dann wäre vieles, was für die Menschen hier fremd ist, viel einfacher.«

Manches sei auch nur komisch. Als etwa im Herbst 2015 das erste Mal Schnee fiel, habe ihm ein österreichischer Freund gesagt: ›Oh! Das ist das erste Mal, dass du Schnee siehst, nicht wahr?‹ Er habe verneint und erläutert, dass er schon tausendmal Schnee gesehen habe. »Hier weiß man eben nicht, dass auch in Syrien Schnee fällt. Ich habe diesem Freund ein paar Fotos von Syrien im Winter gezeigt. Er war ganz erstaunt, sagte, das ist ja wie in Österreich!«

Ein Jahr vor Kriegsausbruch sei er für die Pharmafirma, für die er damals arbeitete, in der Türkei gewesen. »Vier Tage war ich dort. Damals war ich sehr glücklich. Ich kam als Arzt zu einer Konferenz, ich ging auf den Markt zum Shoppen, wir gingen gut essen. Ich fühlte mich selbstsicher, fühlte mich gut, wie ein Tourist. Als ich auf dem Weg nach Europa war, bin ich natürlich auch über die Türkei gekommen. Es war vollkommen anders. Man fühlt, wie Leute auf einen schauen. Als ich als Flüchtling kam, gab es keinen Stolz mehr, keine Freude mehr, kein Vergnügen mehr.«

Das Stigma des Flüchtlings begleitet sein Leben. Als er Student in Syrien war, habe er immer gedacht, er müsse einmal Berlin, Paris, Wien besichtigen. Aber jetzt, wo er nur 25 Minuten von Wien entfernt wohne, fahre er nie hin. »Das ist wirklich seltsam. Jetzt, wo ich den Flüchtlingspass habe, könnte ich nach Berlin fahren, aber ich tue es nicht. Das ist nicht primär eine Frage des Geldes. Die zwei Euro, um nach Wien zu fahren, hätte ich. Es ist eine Frage, wie man sich fühlt. Man fühlt sich als Flüchtling, man hat keine Selbstsicherheit, man meint, alle schauen auf einen, weil man Flüchtling ist, ein Problem für dieses Land. Optisch könnte ich Brasilianer oder Italiener oder Spanier sein, von irgendwo, aber da gibt es dieses Gefühl in einem drinnen, dass man ein Flüchtling ist. Dass jeder wissen würde, dass man Flüchtling ist.«

Wäre es nach ihm gegangen, wäre er gar nicht hergekommen, sagt der sanfte, leise Mann. »Ich kam wegen meiner Kinder. Ich ginge gern zurück. Aber ich muss an meine Kinder denken. Gesetzt den Fall, in vier, fünf Jahren käme der Frieden nach Syrien, würde es meine Tochter akzeptieren, in ein zerstörtes Land zu gehen? Sie hat sich hier an den Kindergarten gewöhnt, hat neue Freunde. Wenn meine Tochter alleine im Zimmer ist, singt sie auf Deutsch. Und sie ist erst seit drei Monaten im Kindergarten! Ich denke, in drei Jahren wird sie eine Österreicherin sein. Aber wenn man hierher kommt und 32 Jahre alt ist, kann man nicht Österreicher werden, selbst wenn man es gerne möchte. Man hat all die Erinnerungen an das, was man zurücklassen musste. Das wird für meine Tochter und meinen Sohn viel einfacher sein. Denn sie haben alles vergessen, was in Syrien war. Ich werde mich darum bemühen, aber das wird keine leichte Mission werden, das Gefühl zu bekommen, dass ich hierher gehöre. Selbst wenn ich sehr gut Deutsch lerne, werden die

Leute nach zwei Wörtern sagen: ›Du bist nicht von hier.‹ Meine Frau würde gern zurückgehen. Wir waren normale Leute, mit einem guten Leben, mit Träumen. Jetzt nennen uns alle Flüchtlinge, auch unsere Freunde. Die wollen uns natürlich nicht kränken, aber wir wollen so nicht leben. Meine Frau sagt mir immer, dass wir zurückgehen sollen, ansonsten werden wir unser gesamtes Leben Flüchtlinge sein.«

»Das stärkste Gefühl des Fremdseins ist, wenn man sich in einer Gesellschaft selber fremd macht«

Hassan Baroud, geboren 1954 in einem Dorf an einem Nil-Arm 70 Kilometer nördlich von Kairo, ist österreichischer Staatsbürger und Akademiker. Der verheiratete Vater dreier Kinder unterrichtete 20 Jahre lang an der Vienna International School Arabisch, Weltliteratur, Kultur und Geschichte der islamischen Welt, ist Mitglied des österreichischen PEN-Clubs, hat unter anderem für Ex-Bundespräsident Heinz Fischer gedolmetscht und für Jörg Haider simultan dessen Live-Interview mit Al Jazeera. Seit 1998 arbeitet er an der ägyptischen Botschaft in Wien, wo er auch jeden Freitag predigt.

Eine grüne Landschaft, keine Spur von der Wüste, so wuchs Hassan Baroud auf. Seine Eltern waren Analphabeten, aber sie bestanden darauf, dass alle ihre Kinder die bestmögliche Ausbildung bekommen. Seine Großmutter, eine Witwe, hatte ihren einzigen Sohn nach wenigen Monaten aus der Schule genommen, damit er nicht ein Gelehrter werde und dem Dorf den Rücken kehre.

Hassan Baroud hat seine Schulzeit im Ägypten der 1960er-Jahre in gemischten Klassen absolviert, hat in Kairo Germanistik, Arabistik und Islamwissenschaften an der Al-Azhar-Universität, der renommiertesten Universität für Sunniten weltweit, studiert und kam nach Wien, um sein Deutsch zu verbessern. An der Wiener Uni lautete der Titel seiner angefangenen Doktorarbeit »Empfindungen und Empfinden als literarische Schlüsselworte bei Peter Handke«.

In Wien geblieben sei er, »weil meine Professoren mir sagten, ich solle so lang wie möglich in Österreich leben und nur zu Prüfungen nach Kairo kommen, denn sie meinten, es würde etwas aus mir, was Germanistik und die deutsche Sprache betrifft«, erzählt er lächelnd. »Ich habe mich dann für das Institut für Dolmetscher in Wien entschieden, damals gab es dort kein Arabisch, sondern Deutsch, Englisch und Französisch – diese drei Sprachen waren für mich fremde Sprachen. Ich hatte kein Einkommen und musste nebenbei arbeiten gehen.«

Schon als Student sei er täglich ins Theater gegangen. »Damals hatte ich Freunde, die auf der Kunstakademie studierten, und die konnten Stehplatzkarten für Staatsoper, Volksoper, Volkstheater, Akademie, Burg um einen Schilling bekommen. Und so hatte ich jede Menge Karten, war fast täglich im Burgtheater und habe die klassischen Werke der deutschen und der Weltliteratur gesehen. Und auch Oper, obwohl Oper für einen Ägypter damals etwas Seltsames war. Aber ich bin hingegangen. Die Abende in den Theatern haben mir die klassische deutsche Sprache nahegebracht und ich habe mich in sie verliebt und ich fühle mich überhaupt nicht fremd im Deutschen.« Bevor er sich dann auch in eine Frau verliebt habe, sei er jedes Wochenende mit einer anderen Straßenbahnlinie von deren Anfangs- bis zur Endstation gefahren, um Wien kennenzulernen. »So bin ich in die urigsten Bezirke und in die verschiedensten Beisln gekommen und habe die Leute beobachtet, wie sie miteinander reden, das erste Bier trinken, den ersten G'spritzten oder den zehnten, wie sie mit anderen diskutieren, und so habe ich die Wiener Mentalität kennengelernt.«

In eine Frau verliebt habe er sich erst im Lauf der Protest-
aktionen gegen Zwentendorf. »Ich hatte mich, obwohl ich
Ägypter war und das eine österreichische Frage war, gegen
Zwentendorf entschieden, nachdem ich erfahren hatte, dass
der damalige Bundeskanzler Bruno Kreisky ein Geheimab-
kommen mit dem damaligen ägyptischen Präsidenten An-
war as-Sadat geschlossen hatte, wonach der Atommüll in
Ägypten gelagert werden sollte. Da sagte ich, nein, das ist
nicht nur eine österreichische Sache, sondern auch eine
ägyptische. So ging ich auch demonstrieren und habe auf der
TU eine junge Frau beim Flugblätterverteilen kennengelernt,
am Abend haben wir uns zufällig auf der Mariahilfer Straße auf der Demo getroffen. So entstand die Begegnung, die
zu einer Liebe wurde.« Aus dieser Liebe stammt Hassan Ba-
rouds erste Tochter, die nun Ärztin und Jungmutter ist.

Später habe er sich in eine zweite Österreicherin verliebt,
eine Lehrerin, die seine jetzige Frau und Mutter seiner zweiten Tochter und seines Sohnes ist. »Aber ich muss sagen,
dass meine Ehegeschichten vielleicht anders sind als viele
andere. Ich habe nach wie vor gute Beziehungen zu meiner
ersten Frau, sie kommt zu uns, wir gehen zu ihr, auch meine
Frau und meine Kinder. Wenn zwei Leute sich in einer Part-
nerschaft fremd fühlen, heißt das nicht, dass die Kinder Opfer werden und deswegen mit Problemen aufwachsen sollen.
Somit wurde die Ehe aufgelöst, aber nicht die menschliche
Beziehung.« Seine Kinder sind für ihn nicht Halbgeschwister,
wie man bei uns sagen würde, sondern Geschwister, sei er
doch von allen gleichermaßen der Vater.

Fremd in Wien und in Österreich fühlt sich der höfliche,
glatt rasierte Mann mit der schönen, tiefen Stimme überhaupt nicht. »Fremd sein bedeutet, wenn man sich nicht verstanden fühlt in seiner Umgebung. Das kann in der Familie

sein oder mit dir selbst beginnen, wenn du nicht weißt, wer du bist, was du bist, was du willst. Dann entwickelt man eine hypothetische Welt für sich, da beginnt die Fremde in einem selbst und mit einem selbst. Fremd sein heißt auch, nicht verstanden zu sein von den anderen oder sich nicht artikulieren zu können, sodass die anderen einen nicht verstehen.«

Hassan Baroud hat für sich entschieden, nicht alles zu machen, was die Leute hier gewohnt sind durch ihre Erziehung, ihre Mentalität. Er würde einem zum Beispiel nie verraten, wie man vulgär auf Arabisch schimpft, denn solche Wörter verwendet er nicht, in keiner Sprache. »Ich kann mir hier die Rosinen aus dem Kuchen herausholen, das, was ich von dieser Gesellschaft brauchen kann. Zum Beispiel das Kulturleben, das Theater.« Oder sehr gute Bildung für seine Kinder.

Dass man fremd und unverstanden auch in der eigenen Umgebung sein kann, erlebte er in seinem Dorf in Ägypten, als er mit 18, noch in der Maturaklasse, sein erstes Theaterstück geschrieben hatte. Es heißt »Der Fremde in seiner eigenen Heimat«. »Es ging um ein ökologisches Umdenken, um die Spritzmittel, die die Bauern verwendeten, aber da war ich zu früh dran«, lacht er. »Da war ich fremd in meinem eigenen Dorf. Ich habe damals jedes Jahr einen Kulturabend veranstaltet, wollte den Bauern zeigen, dass es auch andere Gedanken und Ideen gibt. Dabei hatte ich 1972 weder von einer grünen Bewegung gehört, noch wusste ich etwas zum Thema ›besser landwirtschaften‹. Die Debatte, wie sie in dem Stück zwischen einem Agraringenieur und den Bauern stattfand, gab es dann auch im Dorf.«

Fremd und als störend empfindet er, der den Koran besser kennt als viele andere, die Frauen, die Gesichtsschleier tragen, und die man zunehmend auch in Österreich sieht, überhaupt in Europa, aber nicht nur dort. »Wir haben dieses

Problem auch im Nahen Osten. Das hat in den 1970er-Jahren begonnen, nachdem viele Ägypter in die Golfstaaten zum Arbeiten gingen. Dort haben sie eine andere Lebensart kennengelernt, die Geschlechtertrennung in der Öffentlichkeit. Das hatten wir nie in Ägypten. Die Bäuerinnen haben neben ihren Männern auf dem Feld gearbeitet. Die Frauen haben nie eine Gesichtsbedeckung gehabt, sie haben wie die Bäuerinnen in Österreich ein Kopftuch getragen gegen die Sonne und den Staub. Das Leben war unkompliziert. Die Frauen stillten ihre Kinder öffentlich, man konnte ihre Brüste sehen, ohne dass das eine Schande oder eine Provokation gewesen wäre. Das war ein ganz normales, natürliches Verhalten. Plötzlich, Mitte der 1970er-Jahre, lernten Ägypter kennen, wie sich Frauen total verhüllten, wenn sie auf die Straße gingen. Sie durften in den Golfstaaten auch nicht ohne männliche Begleitung aus der Familie in einem Auto sein. In den 1950er-Jahren hatte meine Cousine ein Auto. Es war vielleicht das zweite Auto im Dorf, aber es war ganz normal, dass sie mit ihrem eigenen Auto von Kairo ins Dorf fuhr. In den Golfstaaten erlebten die Ägypter dann, wie die Vorschriften vor allem für die Frauen sehr streng gehandhabt wurden. Und man glaubte, wenn eine Frau total verhüllt ist, dann wäre sie frommer. Die meisten Ägypter lebten dort ohne ihre Frauen, hatten ihre Familie zu Hause gelassen und glaubten, wenn eine Frau total verhüllt ist, dann wäre sie treu und noch treuer.«

Und so hätten sie versucht, diese Lebensweise nach Ägypten zu transferieren und zwangen oder überredeten oder überzeugten die Frauen, sich zu verhüllen, denn das sei religiös und es sei anständiger, sich hinter Stoff zu verbergen. »Es fing mit dem Kopftuch an und hat sich bis zur totalen Verhüllung entwickelt. Im Koran gibt es dazu nur die Stelle, als Mohammed mit den Seinen von Mekka nach Medina vertrieben worden war. Damals gingen die Frauen abends hinaus, um ihre Notdurft zu verrichten, und wurden angepöbelt. Und da sagte ihnen Mohammed, sie sollten das Gesicht verhüllen, um nicht erkannt zu werden und den Unannehmlichkeiten zu entgehen. Ich bin nicht dafür, dass eine Frau sich total verhüllt. Ich will keine mobilen Zelte auf der Straße haben. Wer behauptet, das wäre die Religion, irrt, denn auf der Pilgerfahrt, dem Höhepunkt der religiösen Praxis für jeden Moslem und jede Muslimin, darf die Frau nicht das Gesicht verhüllen. Und wer sich hier bei uns total verhüllt, der tut ja analog zu der Geschichte von Mohammed so, als wäre die Öffentlichkeit eine riesige Bedürfnis-Anlage!«

Eine wirkliche Gefahr sei die Ideologie, die hinter diesen Kleidervorschriften steckt, nämlich die Verdammung der anderen, der Andersgläubigen und auch der Moslems, die nicht das gleiche Bild von Religion haben wie die Islamisten.»In dieser Ideologie wird die Frau als Beute des wilden Tieres, nämlich des Mannes, etabliert. Und wenn man noch dazu die Stimme der Frau in der Öffentlichkeit verstummen lässt, sei es als Mutter, die ihr Kind nicht laut rufen darf, sei es, dass eine Frau nicht singen darf, dann geht das ja so weit, dass man auch die Stimme der Frau als Reiz für die Männer betrachtet!«

Ein weiterer Aspekt, weswegen er gegen die Vollverschleierung ist, sei, wenn etwa in einem Einkaufszentrum mehrere solche Frauen seien und es passiere ein Diebstahl oder ein Unfall. Wie könne man da feststellen, wer die Täterin oder der Täter war? »Das heißt, für die Gerichtsbarkeit ist es nicht sinnvoll und nicht dienlich.«

Der Islamwissenschaftler, dessen Töchter eben aus genauer Kenntnis des Koran kein Kopftuch, sondern hierorts übliche Kleidung tragen, ist dagegen, dass »man sich hier bei uns durch die Vollverschleierung selber in die Verbannung schickt. Und auch für die Kinder ist es schlecht, die aus der Gesellschaft ausgestoßen werden. Wird denn ein Kind irgendwo nach Hause eingeladen, wenn es von einer total Verschleierten hingebracht wird? Würden hiesige Kinder zu einer Einladung gehen, wo sie von total Verschleierten empfangen würden? Und überhaupt: Wenn eine Frau in die Öffentlichkeit geht, dann soll sie wie alle anderen öffentlich sein!«

Hassan Baroud hat auch kein Verständnis für Burkini tragende Musliminnen an öffentlichen Stränden und in Bädern für beiderlei Geschlecht. Für ihn ist es Hypokrisie, wenn sich Frauen im Burkini an den Strand begeben, wo sie fast nackte Männer zu Gesicht bekommen. »Im Koran gilt jedes Gebot und jedes Verbot für beide Geschlechter. Ein Mann darf sich nicht zu locker kleiden, genau wie eine Frau. Wenn eine angeblich so gläubige Frau am Strand die vielen fast nackten Männer sieht und das normal findet, dass sie die sehen kann und darf, dann ist das Doppelmoral.«

Er würde Niqab und Burkini verbieten. Denn »wenn diese Leute die Gesellschaft, in der sie leben, verdammen, als ungläubig beurteilen, dann frage ich: Haben die anderen Leute in dieser Gesellschaft nicht das Recht, auch zu verurteilen, oder ist das eine Einbahnstraße? Für mich ist das fremd, dass immer mehr solche Verhüllten auftauchen. Das höchste Maß an Fremde oder Fremdsein ist doch, wenn man sich selbst fremd macht, nicht sich fremd fühlt, sondern macht! Wenn man jedem sagt und zeigt, ich bin nicht wie du, ich bin hier fremd. Aber ich lebe trotzdem hier. Und ich tue hier, was ich will. Ich verhülle mich als Frau, aber ich darf alles sehen. Ich lebe hier als Mann, aber ich gebe einer Frau nicht die Hand!«

Es sei ein gravierender Fehler der Islamisten oder Radikalfundamentalisten in jeder Religion, alles aus den heiligen Büchern wortwörtlich zu nehmen und nach ihrem Gutdünken zu interpretieren. »Das Problem bei diesen Leuten ist, dass sie alles aus der Sex-Perspektive sehen. Die Männer würden erregt, wenn sie die Haare der Frau sehen, sagen sie. Und wo ist die Erziehung? Ist ein Mann so ein Wildtier, das seine Gefühle überhaupt nicht kontrollieren kann? Man hat nur Sex im Kopf, und wenn man nur das im Kopf hat bei allen Interpretationen der Verhaltensweisen der Menschen im Alltag, dann ist man arm! Man kann nicht nur von Verboten leben. Der Umgang der Geschlechter ist eine Erziehungssache, die Religion ist nicht dagegen, dass wir miteinander mitmenschlich umgehen. Im Gegenteil. Der Prophet sagte: Der Glaube ist das Benehmen, das Verhalten und nicht, ob ich einen langen Bart trage und wie ich mich kleide. Das ist nur Äußerliches, der Kern ist wichtiger. Der Kern ist Toleranz, ist Akzeptanz. Gott hat uns verschieden geschaffen, verschiedene Sprachen, Farben, Gesichtszüge, Mentalitäten. Und im Koran heißt es, wir sind da, um einander kennenzulernen, kennenzulernen in Handelsbeziehungen, in kulturellen Beziehungen, in menschlichen Beziehungen und im Alltagsleben. Das ist das Wesentliche im Glauben.«

»Das Wort ›fremd‹ ist mir fremd, aber Enge mag ich nicht«

Karin Czerny, geboren 1948 in Norddeutschland, war 36 Jahre Leiterin der Presseabteilung in der US-Botschaft. Die zweifache Mutter und Ehefrau lebte sechs Jahre in den USA und wohnt nun schon seit Jahrzehnten mit ihrem österreichischen Mann in Wien. Sie ist deutsche Staatsbürgerin geblieben.

Die Bezeichnung »fremd« beziehe sie nicht auf sich, sagt die jugendlich wirkende Großmutter. »Wenn ich über die Fremdheit nachdenke, so habe ich sie für mich selber eigentlich nicht wirklich erlebt, so wie sich viele wirklich fremd fühlen. Die Menschen mögen anders ausschauen, aber sonst? Ich kommuniziere gern, nehme gern Dinge an und bin sehr neugierig. Ich glaube, die Neugierde ist eine ganz wichtige Eigenschaft.« Als sie mit ihrem Mann nach Amerika gegangen sei, da war Amerika und besonders New York, und ist es immer noch, eine multikulturelle Stadt, in der es verschiedene Gegenden gibt, in denen einmal nur Italienisch gesprochen wird, dann Chinesisch oder Spanisch oder sonst etwas. »Ich habe dann auch Landsleute kennengelernt und nach dem zweiten Treffen habe ich beschlossen, ich möchte nur amerikanische Freunde. Die Großzügigkeit, das Weltoffene gefielen mir enorm. Wir sind dann zwar aufs Land gezogen, da war es aber auch so. Dann bin ich 1976 zurückgekommen nach sechs Jahren Amerika, zurück nach Österreich. Da haben wir erst bei den Schwiegereltern gelebt und ich suchte eine Wohnung für uns. Da bin ich mit einer Maklerin durch die Gegend gezogen und habe Wohnungen angeschaut. Damals war der Mietpreis ziemlich hoch, ich wusste ungefähr, was das österreichische Durchschnittseinkommen war, und fragte sie, wer sich das leisten könne. Und da sagt sie: ›Na, die Ausländer! An Österreicher vermieten wir sowieso nicht.‹ Ich habe die Wohnung bekommen, weil ich Deutsche bin. Das war schon einmal wirklich fremd. Ansonsten habe ich mich in Wien, das mittlerweile meine Heimat ist, obwohl meine ursprüngliche Heimat in Norddeutschland liegt, gut eingelebt. Ich habe eigentlich keine Heimat. Ich habe eine Verbundenheit, die ich empfinde. Vielleicht habe ich unterbewusst meine Dissertation deshalb über Ödön von Horváth geschrieben, weil der auch keine Heimat hatte. Für mich ist es wichtig, dort zu leben, wo man dich nicht angreift als Mensch, wo du nicht das Gefühl hast, du gehörst da überhaupt nicht hinein.«

An der amerikanischen Botschaft habe sie sehr viele Menschen kennengelernt, die aus allen Kulturkreisen gekommen seien, und sie habe diese Menschen nie als Fremde empfunden. »Das heißt, ich habe mit dem Begriff ›fremd‹ ein Problem«, sagt Karin Czerny. »Ich habe eine seelische Heimat dort, wo meine Familie ist. Dort ist auch meine geistige Heimat.« Die Arbeit an der Botschaft war sehr herausfordernd, sehr spannend und man musste auch sehr flexibel sein, blickt sie zurück, besonders in Zeiten, in denen sie sich aufgrund ihrer persönlichen Werthaltungen schwer getan habe, die US-Politik zu erklären. Da habe sie sich einfach auf die Dinge verlassen, die direkt aus Washington kamen, habe die verkündet, »und die, die mich kannten, wussten auch, dass das nicht meine persönliche Meinung war«.

Ihren Mann lernte Karin Czerny in Alpbach kennen. Sie hätten sich sofort verliebt. Sie plante daraufhin, aus Kiel

nach Wien zu ziehen, um weiter Germanistik und Theater-
wissenschaften zu studieren. »Dann kam ich. Und Walther,
dem das Bundesheer noch wie ein Damoklesschwert über
dem Kopf schwebte, erhielt ein Angebot, nach New York zu
gehen und dort im Tourismus tätig zu sein. Dieses Angebot
nahm er an und dann habe ich ihm gesagt, ›du weißt eh, wir
fahren jetzt in ein puritanisches Land, vielleicht sollten wir
vorher heiraten‹. Das haben wir gemacht. Dann haben wir
dort sechs Jahre gelebt, ich habe dort mein Studium beendet.

Ich bin nicht gern nach Europa zurückgegangen. Die Enge,
das ist vielleicht nicht das Fremdsein, aber die Enge in den
späten 1970er-Jahren, die in Wien herrschte – auch in der
Auseinandersetzung mit politischen Themen –, missfiel mir.
Ich habe zum Beispiel einen Job als Journalistin gesucht, ich
habe ja in den USA bei der deutsch-jüdischen Zeitung ›Aufbau‹ gearbeitet und wollte hier mein journalistisches Dasein
weiterführen, da habe ich mich vielleicht schon als Fremde
gefühlt. Ich kann sagen, die Kollegen beim ›Aufbau‹ waren Albert Einstein und Thomas Mann«, lacht sie. Am Anfang habe man ihr beim »Aufbau« die Frauenseite gegeben,
später durfte sie Theaterkritiken schreiben. Als sich Karin
Czerny in Wien bei einer Zeitung bewarb, habe der damalige
Chefredakteur gesagt: »Was brauchen S' denn an Job? Kriegen S' Kinder!« »Das war schon etwas entmutigend. Ich habe
dann frei gearbeitet für den ›Aufbau‹ und ein paar deutsche
Zeitungen. Zufällig lernte ich den damaligen US-Presseat-
taché bei einer Ausstellung kennen. Der sagte: ›Kommen
Sie doch einmal bei uns vorbei.‹ Zwei Wochen später bin ich
hingegangen und er sagte, ›ich habe für dich‹ – im Amerikanischen ist man ja bald per Vornamen oder per Du – ›einen
Job‹. Ich war schwanger, als ich in dem Job begonnen habe,
habe das auch mitgeteilt und auch das war kein Problem.«

Die Enge, die Karin Czerny in Österreich empfunden habe, definiert sie anhand mancher Österreicher, die sie im Lauf der Zeit getroffen hat. Wenn sie erzählt habe, wo sie gelebt habe und dass sie und ihr Mann sehr viel reisen, dann habe das hier eigentlich niemanden interessiert. »Die waren auf sich fixiert und irgendwie war da auch sehr viel kleinbürgerlich Spießiges. Die Neugierde hat gefehlt. Ich möchte, wenn ich Menschen kennenlerne, wissen, warum sie so sind, auch durchaus anders als ich, das fehlte hier oft.«

Die talentierte Kommunikatorin habe im Lauf der Zeit natürlich auch Leute kennengelernt, die nicht diesen verengten Blickwinkel hatten und die offen für Herausforderungen waren. »Wenn mich etwas herausfordert, überlege ich, schaffst du das oder schaffst du das nicht, und nehme es dann an, auch wenn es fremd ist, anders ist. Fremd ist anders. Fremd hat für mich nichts Negatives an sich.«

»Fremd war ich als Kind,
weil man mich als Kind einer ausländischen
Familie wahrgenommen hat«

Muna Duzdar, geboren 1978 in Wien, hat palästinensische Eltern und somit nach der gültigen Definition Migrationshintergrund. Die studierte Juristin, die fließend Deutsch, Arabisch, Französisch und Englisch spricht, ist als Staatssekretärin die erste Person mit Migrationshintergrund in einem Regierungsamt.

»Mein Vater kam das erste Mal Ende der 1960er-Jahre nach Wien, eigentlich um zu studieren. Das war damals die Zeit der guten Beziehungen zwischen dem Nahen Osten und Österreich. Das Land war sehr beliebt, es kamen damals sehr viele arabische Studierende nach Österreich«, erzählt die Frau mit den braungrünen Augen und dem wienerischen Einschlag in der deutschen Sprache in ihrem Büro, das gegenüber dem Sisi-Museum in der Hofburg – einem Touristenmagneten – liegt. Ihr Vater habe in Jordanien gelebt und die Situation zwischen Jordanien und den Palästinensern habe sich dann verschlechtert. »Meine Großmutter hatte Angst um meinen Vater und wollte ihn möglichst weit weg schicken. In den 1970er-Jahren hat dann mein Vater meine Mutter in Jordanien geheiratet und ist mit ihr wieder nach Österreich gekommen.«

Der Vater habe immer erzählt, er sei in Österreich als sehr exotisch wahrgenommen worden. Die Leute hätten sich sehr für ihn interessiert, es sei etwas Besonderes gewesen, wenn man aus einem arabischen Land, aus dem Nahen Osten kam. »Davon ist heute keine Rede mehr«, lacht Muna Duzdar. Es ist vielmehr so, dass man ein bisschen als primitiv, als archaisch hingestellt wird. Diese sich verfestigende Vorstellung von der arabischen Welt, die hier wie ein homogenes Gebilde wahrgenommen wird, ist deprimierend.« Muna Duzdar, mit ärmelloser Bluse und offenem Haar, empfindet sich gar nicht als fremd. »Ich kenne in Wirklichkeit nur Österreich, obwohl ich auch in anderen Ländern gelebt habe. Aber gerade die Auslandserfahrung, die ich gemacht habe, hat mir vor Augen geführt, wie heimatbezogen ich bin. Ich habe so vieles vermisst, viel schneller, als ich gedacht hätte. Ich habe plötzlich dieses Wienerische vermisst und habe mich gefreut, wenn ich im Urlaub zu Hause Fernsehserien sah, in denen nur Wienerisch gesprochen wurde. Das war faszinierend für mich selber, zu merken, welches Heimweh ich hatte, sowohl während des halben Jahres in Brüssel als auch während der eineinhalb Jahre in Paris. Ich habe Wien sehr, sehr stark vermisst.«

Fremd sein bedeute für sie, wenn man sich in einer Umgebung nicht wohl, nicht zugehörig fühle. »Das ist meine Definition. Fremd habe ich mich vielleicht in meiner Kindheit und Jugendzeit gefühlt, aber das konnte ich aufbrechen. Fremd habe ich mich gefühlt, weil ich wahrgenommen habe, dass ich anders bin als die anderen. Mir ist klargemacht worden, dass ich als Kind einer ausländischen Familie nicht zur Mehrheitsgesellschaft gehöre. Ich glaube, dass dieses Fremdsein ziemlich von außen konstruiert war, weil ich aus einer Familie kam, die Deutsch mit Akzent sprach, die aus einem anderen Land kam. Da gab es dann die österreichischen Familien, die gehörten zu diesem Land und ich mit meiner Familie nicht. Im Kindergarten gab es das Gefühl noch nicht, aber in der Schule. Meine Schwester und ich waren in der Volksschule fast die einzigen ausländischen Kinder, das war ja auch eine andere Zeit, Anfang der 1980er-Jahre. Es gab noch ein jugoslawisches Kind und ein türkisches. Wir waren eine übersichtliche Gruppe«, lacht sie. »Da war dieses Fremdsein zu erleben. Fremdsein heißt, wenn man sich nicht wohl fühlt in seiner Haut, egal, wo man ist. Man kann sich in einer Gruppe von Menschen nicht wohl fühlen, sich in seinem Grätzl fremd fühlen. Das Gefühl der Fremdheit kann immer aufpoppen. Aber ich glaube, man konstruiert sehr viel in diesen Fremdheitsbegriff hinein, die Fremdheit wird sehr stark von außen gemacht.«

Denken und träumen würde sie auf Deutsch, aber wenn sie viel Arabisch rede, träume sie auf Arabisch und in Frankreich habe sie auch auf Französisch geträumt. »Das hängt davon ab, wie viel Zeit ich in einer Sprache verbringe. Ich bin überhaupt der Meinung, man ändert seine Persönlichkeit in dem Moment, in dem man die Sprache wechselt. Wenn ich anfange, Arabisch zu reden, kommt es mir vor, ich sei ein anderer Mensch«, lacht sie, »weil das Arabische so viele Höflichkeitsfloskeln kennt. Das ist spannend, sich selbst zu beobachten, was da mit einem passiert.«

Lange Zeit habe sie sich von den neuen Strömungen, das Fremde wegzustoßen, zu hassen, sehr betroffen gefühlt. »Wenn diese Ausländerfeindlichkeit, wie man früher einmal sagte, hörbar und spürbar war. Es berührt mich immer noch, aber ich nehme es nicht mehr persönlich. Ich finde, man muss die Auseinandersetzung führen, schauen, dass die Gesellschaft besser und gerechter wird und diverser. Mein Vater findet, dass es in den 1970er- und 1980er-Jahren besser war. Bis heute sagt man manchmal noch zu ihm, dass er ein Ausländer ist. Er versteht das überhaupt nicht, denn er lebt seit 40 Jahren hier. Natürlich hat er nach wie vor einen Akzent und spricht nicht so gut Deutsch wie ich, man hört das heraus. Dieses Thema – dass man schon so lange da ist und noch immer als Ausländer wahrgenommen wird – war irgendwie immer existent bei ihm. Mein Vater hat aber nie menschliche Probleme gehabt, er ist sehr kommunikativ und redet mit jedem. Das ist nicht das Problem.«

In der Politik, meint Muna Duzdar, wäre es wichtig, in eine Richtung zu gehen, die dieses »wir und die anderen«, diese Trennlinien aufbreche. Aber Teile der offiziellen Politik verschärften diese Trennlinien oftmals noch zusätzlich. »Wobei die Trennlinien an unterschiedlichen Kriterien festgemacht werden. Früher waren es ›die Türken‹ und ›die Tschuschen‹, wie man sagte, also die Jugoslawen. Längst aber wird die Trennlinie an religiösen Kriterien festgemacht, an ›die Muslime‹ zum Beispiel. Und jetzt sind es ›die Flüchtlinge‹. Es gibt also immer ›die anderen‹. Wer ›die anderen‹ sind, ändert sich, nicht aber die Haltung. Derzeit hat man hat den Eindruck, alle Probleme seien mit der Flüchtlingsbewegung gekommen und davor hätte es keine Probleme gegeben«, schüttelt sie den Kopf. »Da denke ich mir, wir müssen nachschlagen, was vor dem Sommer 2015 war. Da hatten wir genug Diskussionen und Debatten, es wurden auch vor dem Sommer 2015 genug Neiddebatten geführt! Die Trennlinien werden sehr stark forciert, das sieht man auch in den sozialen Medien!« Die Politik habe da auch eine sehr große Verantwortung, etwa bei der Sprache. Weil die Politik ja auch eine Vorbildwirkung habe. »Wenn immer nur Bedrohungsszenarien gezeichnet werden, die die Angst schüren, die Flüchtlinge wollten uns wer weiß was wegnehmen, und ihnen gleichzeitig unterstellt wird, ›die sind ja alle so unwillig und die wollen ja gar nicht‹, dann wird da schon sehr stark ein bestimmtes Bild konstruiert. Auch das Einzementieren der Vorstellung, diese Kultur, die da zu uns kommt, sei so rückschrittlich! Misstrauen und Unbehagen werden dadurch verstärkt, aber das fällt ja nicht vom Himmel, da wird sehr viel konstruiert! Sehr viele Probleme werden ethnisiert und kulturalisiert. Bei jedem Afghanen und jedem Syrer, der sich daneben benimmt, heißt es, das habe mit seiner Kultur zu tun. Warum kann man nicht sagen, das hat mit seinem Charakter zu tun? Das Fehlverhalten hat damit zu tun, dass der konkrete Mensch nicht okay ist. Ich würde ja auch nicht über einen Autochtonen sagen, der ist unsympathisch, weil das mit seiner Kultur zu tun hat. Aber in unserer Zeit wird jedes Fehlverhalten auf die Kultur, die Religion, auf die ›andere Kultur‹ und die ›andere Religion‹ zurückgeführt. Das spaltet auch die Gesellschaft.«

Es gehe doch eher darum, zu schauen, dass sich die Menschen mit ihrer Umgebung, ihrem Umfeld identifizieren können und sich auch als Teil ihrer Gesellschaft empfinden. Wien tue da auch sehr viel, mit Jugendzentren und Sportvereinen. »Und dort passiert die so genannte Integration. Dort ist es ganz normal, dass jeder von irgendwo anders stammt, das ist überhaupt keine Diskussion, das erlebe ich in meinem Sportverein in Kaisermühlen. Da ist jeder zweite ein -ić und jeder zweite heißt Mohammed und niemand redet darüber, es ist das Normalste auf der Welt. Man hat dort ein gemeinsames Ziel, niemand fragt nach der Herkunft.« Die Politik, meint Muna Duzdar, müsste auch gemeinsame Ziele definieren: Wie alle gemeinsam weiterkommen wollen, wie alle gemeinsam an einem Strang ziehen können, damit alle etwas davon haben, alle profitieren können. »So wie die Debatte läuft und die Stimmung ist, bin ich natürlich unzufrieden. Aber ich denke mir, man muss seinen Weg gehen und darf sich nicht darin beirren lassen, die Solidarität und den Zusammenhalt in unserer Gesellschaft zu stärken. Die Trennlinien brechen auf, wenn man es schafft, eine bessere soziale Durchlässigkeit zu erreichen, Kinder aus Arbeiter-, aus Migrantenfamilien mitzunehmen, die sind ja das so genannte Proletariat.«

Historisch betrachtet habe der Nationalismus immer eine Schwächung der Arbeiterbewegung mit sich gebracht. Etwa in den 1930er-Jahren, wie sie durch die Lektüre eines Buches des Diplomaten Wolfgang Petritsch über den früheren Kanzler Bruno Kreisky feststelle. Darin wird beschrieben, wie die Massenarbeitslosigkeit dazu geführt hat, dass ehemals sozialdemokratische, deklassierte Arbeiter zu den faschistischen Parteien übergingen. »Der Nationalismus spaltet die Arbeiterbewegung nicht nur heute, das geschah vielmehr immer wieder in der Geschichte.«

»Es gibt die Arroganz derer, die meinen, das ist mein Österreich, was machst du da jetzt hier?«

Tatjana Gabrielli, 1993 in Villach geboren von einer srilankischen Flüchtlingsfrau und adoptiert von einem Vorarlberger Ehepaar, arbeitet seit ihren Schultagen politisch. Sie war Bundesvorsitzende der Aktion kritischer Schüler_innen. Derzeit ist sie Pressesprecherin bei Staatssekretärin Muna Duzdar und studiert nebenbei Politikwissenschaften an der Uni in Wien.

Berufsbedingt telefoniert Tatjana Gabrielli viel mit fremden Leuten. Wenn die sie dann face to face kennenlernen, gibt es meist großes Erstaunen. Denn die quirlige, selbstbewusste junge Frau ist nicht, wie ihre Sprache nahelegen würde, so genannt weiß, sondern dunkel. Sie selber definiert sich als schwarz.

»Meine leibliche Mutter stammt aus Sri Lanka, kam über Umwege nach Österreich, war schwanger, und es war ihr klar, dass sie nichts weiter hat als die Kleider am Leib, und dass ein Säugling auf der Flucht nicht sinnvoll sein würde.« Und so entschied sie, mit der Hilfe von Kärntner Ordensschwestern und anderer engagierter Menschen, dass sie das Kind adoptieren lassen würde, von einem Ehepaar aus Vorarlberg. Die hatten versucht, Kinder zu kriegen, es hat aber nie funktioniert. »Sie stellten sich bei meiner leiblichen Mutter vor und sie meinte, das seien zwei Menschen, bei denen sie ihr Kind in guten Händen weiß. Dann kam ich auch schon auf die Welt. Meine Eltern waren auf Skiurlaub, wurden informiert, bestellten Champagner und riefen: ›Wir sind jetzt Eltern geworden!‹ Der Kellner war natürlich irritiert, wer genau jetzt dieses Kind geboren hat«, lacht Tatjana Gabrielli. »Dann fuhren sie nach Kärnten und bekamen mich. Es war eine offene Adoption, sie hielten den Kontakt zu meiner leiblichen Mutter. Das war auch eines der großartigen Dinge bei meinen Eltern, dass sie mit dem Thema Adoption sehr offen umgegangen sind, dass sie immer sehr darauf bedacht waren, dass ich das Gefühl habe, ich kann mit Fragen und Unsicherheiten zu ihnen kommen. Auch mit meiner Hautfarbe, als ich danach zu fragen begann. Sie machten mir klar: Du bist nicht anders als alle anderen. Du bist einfach du und das ist okay so. Knapp zwei Jahre nach der Adoption wurde meine Adoptiv-Mutter dann doch schwanger. Jetzt habe ich einen Bruder, der ist groß, blond, blauäugig und natürlich weiß. Und die ganze Welt wundert sich, wie diese Familienkonstruktion zustande kam.«

Durch die Offenheit ihrer Eltern konnte auch Tatjana Gabrielli immer offen mit dem Thema Hautfarbe umgehen. »Wenn Leute zu mir gekommen sind und gefragt haben, warum bist du schwarz und deine Eltern weiß, dann habe ich gesagt, ich bin adoptiert. Dann kam oft irgendein Mitleidsgefasel, das ich nicht verstanden habe. Ich war und bin sehr dankbar dafür, dass eine starke Frau gesagt hat, ja, ich gebe mein Kind her, weil ich die besten Chancen für mein Kind will. Und ich bin glücklich, dass ich wundervolle Eltern habe, die gesagt haben, ja, wir nehmen es auf uns, dass da viele komische Fragen kommen werden, dass da natürlich in Vorarlberg, wo alle alle kennen, geredet wird.«

Es wurde nicht nur geredet in Vorarlberg, es wurden auch absurde Fragen gestellt. Als Tatjana vier Monate alt war, schauten Leute neugierig in den Kinderwagen und sagten: »Ach, was für ein süßes Kind.« Und dann: »Aber was macht ihr denn mit der, wenn sie einmal älter ist? Die spricht doch gar kein Deutsch!«»Es haben auch viele auf einer biologistischen Ebene nach Erklärungen gesucht, warum meine Eltern ein dunkelhäutiges Kind haben … der Postbote war da … in der Sonne vergessen und Ähnliches. Man lernt recht schnell, viele Dinge mit Humor zu nehmen, weil vieles nicht aus Boshaftigkeit, sondern aus purem Unwissen gesagt wird.«

Wobei es bei der Beschreibung »schwarz« und »weiß« nicht um die Hautfarbe gehe. Die Begriffe würden auf rassistische Konstruktionen verweisen und auf rassifizierte Macht- und Herrschaftsverhältnisse. »Bezeichnet werden keine ›biologischen‹ Eigenschaften, sondern gesellschaftliche Positionen.« Die Klischees, mit denen Tatjana Gabrielli konfrontiert war, kreisten dementsprechend um die Befürchtung, dass sie es nicht so weit bringen könne wie die typischen, die »weißen« Österreicher. »Bei mir waren sich manche sicher, ›a Schwarze wird halt weniger g'scheit sein, wird weniger im Leben erreichen, faul sein‹.«

Seltsame Fragen bekommt sie bis heute gestellt, nicht böse gemeinte, sondern Fragen, die zeigen, dass viele nicht mit dieser »Exotik« umgehen können. »Ich selber fühle mich ja größtenteils sehr vorarlbergerisch. Ich mag Käse, snowboarde gern, kann den Dialekt, kenn mich ein bissl aus. Ich habe so viel mit meinen Eltern gemeinsam, so viele Überschneidungen an Interessen mit meiner Mama, meinem Papa, auch mit meinem Bruder, der ja das leibliche Kind meiner Eltern ist. Bis auf biologische Ähnlichkeiten ist wirklich so viel durch die Erziehung bestimmt und die Art, wie sich meine Familie bewegt. Man merkt einfach, dass wir zusammengehören! Das Fremdsein ist etwas, das ganz stark von anderen definiert wird. Ich spreche die Sprache fließend, ich bin in Österreich aufgewachsen und ich vergesse tatsächlich, dass ich eine andere Hautfarbe habe, auch bedingt dadurch, dass mein ganzes Umfeld sehr weiß ist. Aber auf der Straße kommen Leute zu mir und fragen, wo ich her bin. Wenn ich Vorarlberg sage, wollen die noch mehr wissen und ich denke mir oft, ach so, du willst jetzt eine Fluchtgeschichte hören. Leute aus Pakistan, Indien, Sri Lanka suchen Gleichgesinnte. Andere verlangen von mir meine Familiengeschichte. Manche Leute sind einfach nur neugierig, weil sie gerade eine Dokumentation über Indien gesehen haben und jetzt darüber reden wollen und ach so tolerant sind, und dann gibt es Leute, die mit einer gewissen Arroganz daherkommen, nach dem Motto: ›Das ist mein Österreich und was machst du da jetzt hier?!‹«

Es gebe auch Leute, die richtig böse würden und sich aufpflanzten und forderten, Tatjana Gabrielli müsse aufhören, sie anzulügen. »Das läuft nach dem Motto: ›Ich bin Ur-Österreicher und habe jetzt das Recht zu fragen, woher du als scheinbar fremde Person kommst.‹ Das passiert ständig, in Wien noch um einiges häufiger als in Vorarlberg. Ich habe kein Problem, meine Geschichte zu erzählen, wenn mich jemand kennenlernen will, denn sie ist ein Teil von mir. Aber doch nicht an der Supermarktkasse! Da will ich einkaufen gehen und nicht tratschen! Das sind Momente, in denen ich merke, dass irgendetwas an mir anders ist, was dazu führt, dass Menschen plötzlich mit mir reden. Und immer geht es um die Hautfarbe, die ich in meinem weißen Umfeld selber vergesse. Und mich dann wundere, warum die Polizei mich da jetzt aus einer Gruppe herausgreift. Dabei hat sich vor mir noch nie jemand gefürchtet. Dass ich bezichtigt würde, Terroristin zu sein, passiert nicht, aber das liegt vermutlich an meinem Habitus. Mit meinen 1,57 Metern und den großen braunen Augen bin ich offenbar weniger gefährlich als ein Rauschebart.«

Auf der anderen Seite passiere es oft, dass Leute verwundert sind, dass sie die Sprache so gut spreche, dass sie Dialekt könne, und dann fragen, warum sie denn so gut Vorarlbergerisch könne. »Na, weil ich in Vorarlberg auf'gwachsen bin! Surprise, surprise! Da müssen mir anscheinend manchmal Leute klar machen, hey, du bist da fremd!« Dabei habe sie noch Glück, denn durch ihren Namen und ihre Sprache sei sie nie in den »Ausländer-Topf« geworfen worden. Sie könnte auch gar nicht ›nach Hause‹ gehen, wie das die ganz Rabiaten fordern, weil sie hier geboren ist.

Mittlerweile halte sie sich hauptsächlich in Gruppen auf, mit denen sie Gemeinsamkeiten habe, sei es politisches Interesse, seien es irgendwelche Erfahrungen, das sei ihr wichtig. »Weil ich mir auch oft fremd vorkomme als politische Person, als lesbische Frau, wenn ich in einem Kreis bin von lauter rechten, homophoben Leuten, dann fühle ich mich fremder als in dem Moment, in dem mir auffällt, dass ich die einzige Person mit dunkler Hautfarbe bin. Es macht mir wenig aus, anders auszuschauen, solange andere Gemeinsamkeiten da sind. Aber das Sich-immer-wieder-erklären-Müssen, als Dunkelhäutige, als lesbische Frau, führt dazu, dass ich mich oft fremd fühle. Richtig fremd habe ich mich gefühlt, als ich erkannte, dass ich lesbisch bin. Ich kannte indische Frauen, die mir ähnlich sehen. Ich kannte lesbische Frauen. Aber die Kombination gibt es nicht allzu oft. Ich hätte jemanden gebraucht, der sagt: ›Es ist okay, lesbisch und schwarz zu sein!‹«

Tatjana Gabrielli sagt, sie habe Zeiten gehabt, in denen Angst die richtige Beschreibung für ihren Zustand gewesen sei. Sie habe den Eindruck, dass das auch durch die mediale Berichterstattung gekommen sei und nicht nur die weiße Mehrheitsbevölkerung plötzlich Angst bekommen habe, dass sie von irgendwelchen Gewalttaten betroffen sein würde, »sondern dass ich als Person mit dunklerer Hautfarbe das Gefühl hatte, es gibt so viel Gewalt, so viele rassistische Übergriffe, so viele brennende Flüchtlingsheime, dass ich, wenn ich einen Mann mit Glatze gesehen habe, zweimal überlegte, ob ich die Straßenseite wechsle. Irgendwann habe ich mir gedacht, ich kann nicht mit dieser Angst leben.«

Weggekriegt habe sie die Angst, indem sie sich ihrer sozialen Netze sicher wurde. »Und der andere Gedanke war, wenn's passiert, dann passiert's. Diesen rechten Typen hätte es vor zehn Jahren geben können, den kann es heute geben und den kann es in zehn Jahren geben. Wenn ich da jedes Mal die Straßenseite wechsle, wird das nix! Ein bisschen Mut zusammennehmen, aus der Panik herauskommen! Wien ist ja eine der lebenswertesten und eine der sichersten Städte. Da merkt man, wie man selber in einen Zustand hineinfällt, der mit Zahlen und Fakten nicht belegbar ist. Ich habe beschlossen, mich nicht einschüchtern zu lassen. Und Punkt. Ich liebe diese Stadt, ich leiste meinen Beitrag, denke ich, meinen Beitrag zu diesem gesellschaftlichen Zusammenleben. Ich werde mir sicherlich nicht mein Engagement von irgendwelchen Rechten kaputtmachen lassen. Selbstsicher aufzutreten als Migrantin, als Lesbe, als schwarze Frau, als nicht den Normen Entsprechende, das kann oft schon eine Kampfansage sein: Wir sind trotzdem da und wir kämpfen dafür, dass wir da bleiben können!«

Was es bedeutet, anders als die Mehrheit zu sein, könne nur ermessen, wer anders ist. »Meine Eltern sind wirklich herzensgute Menschen, aber es ist noch immer ein Unterschied, ob man Diskriminierung selbst erfährt oder ob man sie von außen sieht. Dabei haben sie ohnehin stets versucht, mich zu stärken. Aber einen rassistischen Kommentar haben sie einfach mitunter anders wahrgenommen, weil sie den Blick von außen hatten und nicht den der Betroffenen. Diskriminierung haben meine Eltern ja nicht erlebt. Ich glaube, durch das dunkelhäutige Mädchen in ihrer Familie waren sie von außen betrachtet eher gute Menschen, die dieses arme Kind gerettet haben. Ich aber habe sehr wohl Abschätzigkeit zu spüren bekommen oder diese österreichische Arroganz: ›Ich bin Blut und Boden und wer bist du?!‹ Dass ich Bomben bauen würde, das glaubt man nicht. Das hat, glaube ich, auch mit dem Ton meiner Hautfarbe zu tun. Ich falle nicht in das afrikanische Schwarze hinein und bin auch nicht aus dem arabischen Raum, ich bin für die Leute das Indische, das, was die Leut' mit Yoga verbinden. Als Frau mit dieser Hautfarbe hat man noch ein bissi Glück g'habt. Aber trotz der Privilegien, die mein Name und mein Hautton mit sich bringen, habe ich ausreichend Rassismus erlebt.«

»Ich kann die Angst verstehen.
Viele wissen nichts über die Fremden«

Zakarya Ibrahem, geboren 1990 in Damaskus, Syrien, kam im Februar 2015 nach Österreich und sprach 18 Monate später bereits so gut Deutsch, dass das Interview auf Deutsch stattfinden konnte. Er hatte in Damaskus Politikwissenschaften zu studieren begonnen und möchte in Wien Publizistik studieren. Der hagere junge Mann macht beim Magazin »Biber« ein Praktikum und hat mit einem humorvollen Online-Artikel über die Unterschiede zwischen seinem Herkunfts- und seinem Asylland binnen weniger Tage fast 70.000 Klicks erreicht.

Das erste, was für den jungen Syrer in Wien fremd war, waren die Hunde, erzählt er lachend. »In Syrien gibt es das nicht, dass man mit einem Hund Freund ist, dort sind Hunde nur als Wachhunde bekannt. Ich habe erst hier Hunde als Lebensbegleiter kennengelernt. Ich habe auch Fotos mit mir und Hunden auf Facebook gestellt, denn die Leute glaubten, ich würde keine Hunde mögen, aber ich mag sie. Ich kann sie auch streicheln. In unserer Religion heißt es lediglich, dass man nicht mit dem Mund an der Schnauze ankommen soll. Ich versuche hier, auch mit Hunden in Kontakt zu kommen.«

Wirklich fremd für ihn und auch durchaus unangenehm sei das Wetter. »An einem Tag erlebt man hier vier Jahreszeiten. An das kann ich mich nur schwer gewöhnen. Ich weiß nie, was ich anziehen soll. In Syrien gibt es Sommer- und Winterkleidung, und je nach Jahreszeit hat man die eine griffbereit und die andere sperrt man weg. Wir haben also für je sechs Monate gleichartige Kleidung. Hier trage ich jetzt eine Jacke, obwohl Sommer ist. Euer Wetter ist schwierig.«

Über Österreich wusste er wenig, ehe er herkam. In der Schule lernte man in Syrien wenig über Al Nemsa, wie Österreich auf Arabisch heißt. »Wir hatten ein kleines Buch, da lernten wir etwas über Beethoven-Symphonien, aber sonst nicht viel. Wie das Leben hier funktioniert, wusste ich nicht. Wien war für uns die Stadt der Musik. Und es gibt in Syrien ein Lied über die Schönheiten von Wien.«

Über den Unterschied zwischen Diktatur und Demokratie habe er ein bisschen in seinem Studium gelernt, aber so viel spreche man nicht darüber in Syrien. »Was ich im Studium gelernt habe, entspricht nicht dem, was ich jetzt hier erlebe. In Syrien hieß es immer, die europäischen Staaten seien keine demokratischen Länder, sie seien diktatorisch und wollten uns kontrollieren, sie würden gegen Syrien kämpfen«, erinnert er sich lachend. »Aber das ist nicht wahr. Auch zum Thema Sexualität gibt es viel Unsinn. Weil die Frauen hier nicht so sehr bekleidet sind und kein Kopftuch tragen, glaubten wir, man gehe einfach auf die Straße und spreche eine Frau an. Aber das geht gar nicht! Das war eine sehr blöde Vorstellung«, sagt er lachend. Die Menschen hier hätten ein System, eine Kultur, ein Leben, das anders sei als das syrische. »Es ist nicht so, dass das eine Land besser und das andere schlechter ist, jedes Land hat seine Spezialität, jedes hat eine andere Art. Man könnte das hiesige System auch nicht auf Syrien übertragen, das würde nicht funktionieren. Genauso geht es nicht umgekehrt. Es gibt viele blöde Dinge in unserer Kultur, in unserem Gesellschaftsleben. Wenn man in Syrien zum Beispiel mit Sportkleidung auf die Straße ginge, würden einen die Leute auslachen. In Syrien lachen sie

87

auch, wenn ein Erwachsener Fahrrad fährt. Das wird nur bei Kindern akzeptiert. Dabei haben wir kein gutes Transportsystem. Um in die Schule zu kommen, brauchte ich mehr als eine Stunde hin und eine zurück. Jetzt, durch den Krieg, würde es noch viel länger dauern.«

Gewöhnungsbedürftig sei auch die unterschiedliche Art der Begrüßung in Syrien und Österreich gewesen. »In Syrien küssen die Männer einander auf der Straße, das ist dort normal, die Leute verstehen das nicht falsch«, kichert er. »Hier habe ich Angst, falsch verstanden zu werden, also mache ich das hier nicht mehr mit dem Küssen. Ich mache das jetzt mit dem Handschlag und tanze nicht mehr aus der Reihe. Es ist eben anders, ein anderes System.«

Ein weiterer Unterschied zwischen seinem Herkunfts- und seinem Aufenthaltsland sei das Essen. In Syrien würde man fast ausschließlich syrisches Essen zu sich nehmen. »In Wien kann man eine kulinarische Reise um die ganze Welt machen, selbst ohne in Wien besonders weit fahren zu müssen.«

Apropos herumfahren in Wien. Sehr positiv überrascht war Zakarya Ibrahem vom Verkehrsnetz, das so gut ausgebaut sei. Und von der Sauberkeit auf den Straßen.

Schwierig war am Anfang natürlich die Sprache. »Und diese vielen Radfahrer waren auch sehr ungewohnt. Wir sind nicht sportlich in Syrien. Bei den Olympischen Spielen waren nur acht Syrer, und die sind nach wenigen Tagen schon wieder auf dem Heimweg gewesen. Diese Unsportlichkeit hat mit dem Klima nichts zu tun, glaube ich. Bei uns sitzt man einfach gern herum und redet über andere Leute. Man kann dort auch nicht über die Zukunft nachdenken! Man hat auch, wenn man etwas schreiben will, eine innere Sperre, man hat Angst, was die Leute denken werden. Ich habe einmal auf Facebook etwas gegen das Regime und gegen die Opposition geschrieben, und beide haben mich falsch verstanden. Ich musste diesen Text wieder löschen, die hätten mich am liebsten verhaftet. In Syrien ist man es nicht gewohnt, dass jemand eine andere Meinung hat. Man sollte das aber respektieren. Manchmal denke ich, das hat mit Religion zu tun. Die Leute haben sich sehr verändert. Früher spielte Religion keine Rolle, ich wusste nicht, wer Alawit, wer Schiit, wer Sunnit, wer Christ war. Plötzlich wurde das wichtig. Warum sollte ich jetzt gegen meinen Freund kämpfen, nur weil er eine andere Religion hat? Und was soll dieses ›wenn ich ihn töte, dann werde ich ins Paradies kommen‹? Ich glaube das nicht! Der Krieg macht die Menschen radikal. Radikal und Demokratie heißt übrigens auch im Arabischen so!«

Schwierig war es natürlich auch, Kontakt mit Menschen in Österreich aufzunehmen, erinnert sich der offene, freundliche Mann mit den längeren Haaren und dem Dreitagebart. »Ich hatte am Anfang Angst, dass mich die Leute nicht akzeptieren würden. Das habe ich auch viele Male erlebt. Als ich in Kärnten untergebracht war, wollte ich mein Fahrrad reparieren lassen. Ich war drei Mal in einem solchen Laden. Der Mann hatte jedes Mal eine andere Begründung, warum er mein Rad nicht reparierte, während ich gesehen habe, wie die Österreicher alle bedient wurden. In Kärnten sind die Leute vielleicht besonders wenig angenehm, sie mögen die Fremden nicht. In Wien ist es besser. Aber auch in Wien ist vieles schwierig, besonders die Wohnungssuche. Vielleicht ist einer der Gründe, dass mein Deutsch halbwegs gut ist, die Wohnungssuche. Ich hatte jeden Tag drei Besichtigungstermine, denn ich habe auch für viele Freunde gesucht. Ich selber habe recht schnell eine Wohnung gefunden. 35 Quadratmeter, zwei Zimmer, für mich ist es perfekt.« Mittlerweile ist Zakarya Ibrahem ein regelrechter

Wohnungsfindungsspezialist, mit dem Wissen über Provision und andere Spezifika.

Viele Österreicher würden sagen, dass sie keine Flüchtlinge wollen, mit dem Argument, dass die nicht arbeiten, kein Einkommen haben, keine Garantie abgeben können. »Viele haben Angst vor Flüchtlingen. Ich kann die Angst verstehen. Wenn Fremde nach Syrien gekommen wären, wäre es das Gleiche gewesen. Die Leute wissen nichts über die Fremden, sie sehen durch die negativen Mediengeschichten nur das Negative. In Deutschland ist das jetzt besser geworden. Da gibt es arabischsprachige Medien. Und es gibt zum Beispiel täglich eine Geschichte über einen erfolgreichen Flüchtling. Ich habe zwei Cousins in Deutschland, die leben dort seit drei Jahren, sprechen sehr gut Deutsch, haben bei BMW eine Ausbildung gemacht und sind jetzt dort Automechaniker. Ein anderes Beispiel: Als ich in der Türkei war, hatte ich einen Freund, der wohnte mit mir im selben Zimmer. Der wollte dort nie arbeiten gehen, immer im Bett bleiben, weil er von den Türken nicht akzeptiert wurde. Der ist jetzt in Norwegen, hat einen positiven Asylbescheid und will Medizin studieren! Ich konnte ihn kaum wiedererkennen! Aber wenn man in den Zustand der Hoffnung kommt, dann kann man an die Zukunft denken. Das geht in Syrien nicht. Das war auch vor dem Krieg schon nicht einfach.«

In Syrien habe es auch immer soziale Kontrolle gegeben. »Hier kann man leben, so wie man möchte. Man ist nicht gefesselt. Ich bin glücklich, dass ich hier bin. Ich habe alles, was ich mir gewünscht habe. Ich habe viel geschafft, ich bin zufrieden. Ich vermisse hier nur eines: meine Familie.«

Wünschen würde er sich, dass beide Seiten, Österreicher und Flüchtlinge, sich besser aufeinander einlassen. Und dass sich die Flüchtlinge besser integrieren. Zakarya Ibrahem schätzt, dass sich die Hälfte leicht und gern anpasst, die andere nicht. Das sei eine Frage des Charakters und auch der Kriegserfahrungen. »Viele Neuankömmlinge knüpfen keine Kontakte mit den Einheimischen, sie tun auch sonst nichts. Aber wenn man nichts tut, nur auf den Asylbescheid wartet und nichts lernt in dieser Warteperiode, keine Motivation hat, dann ist das sinnlos! Warum warten sie ein Jahr auf den Bescheid? Ich habe fünf Monate gewartet, das ist okay. Das Warten erzeugt Passivität, man schläft dann nur. Warum schicken wir die Leute nicht in die Freiwilligenarbeit? Viele alte Menschen hier brauchen Hilfe. Warum können nicht die Neuankömmlinge helfen? Viele sprechen gut Englisch. Die Neuankömmlinge würden von den alten Menschen lernen! Als ich noch in Kärnten wohnte, kam zwei-, dreimal in der Woche eine Frau zu uns, die lernte mit uns Deutsch. Sie mietete sogar einmal einen Bus für 20 Personen, hat uns in ihr Dorf, nach Griffen, geführt. Es war sehr schön dort. Ich war auch in der Tropfsteinhöhle! Wenn man nette Leute findet, spürt man, man wird akzeptiert, das hilft sehr bei der Integration. Aber wenn man in der Zeitung liest, 50 Prozent der Menschen akzeptieren einen nicht, wird man nichts lernen, man wird denken, es gibt keine Chancen hier. Vielleicht werden sie uns nach den Wahlen rausschmeißen?«

Zakarya Ibrahem möchte in Wien seine Zukunft aufbauen. »Wenn ich einmal einen guten Job haben werde und vielleicht etwas für mein Land machen kann, werde ich versuchen, mein Wissen weiterzugeben, beim Wiederaufbau zu beraten, wenn irgendwann einmal der Friede kommt. Aber eigentlich liebe ich Wien, ich liebe es, dass man hier frei ist. Ich habe 22 Jahre mit wenig Freiheit gelebt. Meine Familie war sehr gut, aber mit der Gesellschaft dort war es nicht immer einfach.«

»Wir sehen die Dinge nicht so, wie sie sind, sondern so, wie wir sind«

Harald Kubiena, 1971 in Wien geboren, arbeitet für das Krankenhaus Göttlicher Heiland als Facharzt für Plastische Chirurgie, ist selbstständig und betreibt plastische, ästhetische und rekonstruktive Chirurgie in Wien. Mehrmals im Jahr operiert der verheiratete Familienvater Patienten in der Fremde, in Kaschmir, vor allem aber im Niger in Westafrika.

Das Wort »fremd«, meint der Arzt mit dem kahl rasierten Kopf und der überlegten Art zu sprechen, sei eines, »hinter dem sich ein Gefühl verbirgt. Ein Wort, das für ein Gefühl steht. Bei mir ist es ein Gefühl für Beziehungen. Nicht nur eine Beziehung zu einem anderen Menschen, sondern auch zu einem Geruch, einer Musik, einem Bild, einem Geräusch. Und wenn wir bei einer Beziehung zu einem Menschen bleiben, die ein Gefühl des Fremdseins beinhaltet, dann kann ich mir ja auch selbst fremd sein.«

Dieses Gefühl der Fremdheit sei heutzutage in den seltensten Fällen positiv besetzt. Es sei vielmehr ein Gefühl, »das ein Wort gleich als nächstes in diesen Geschmacksraum hereinholt, und das ist Angst. Da frage ich mich, bei meinem Herumwandeln in diesem ängstlichen Fremdsein hier und auch dort, wo ich mich drei- bis viermal im Jahr aufhalte, nämlich in der Fremde, in Westafrika, wer ist denn jetzt wem fremder? Ich denen? Sie mir? So gesehen ist das Wort ›fremd‹ ein Schleier, der sich über eine gerade beginnende Beziehung stülpt.«

Für ihn sei in Westafrika niemand fremd, dieser Schleier, diese Dunstglocke schwebe zwischen ihm und den anderen. Und nach seiner Erfahrung gelingt es »durch das freudvoll-lustvolle, angstfreie oder unängstliche Hineingehen in diese Wolke, indem man sich darauf einlässt und das aushalten will, am besten, dieses Fremdgefühl aufzulösen. Auch wenn das manchmal ein bisschen beängstigend ist.«

Wenn einem eine Frau nicht die Hand gebe, obwohl man sie ihr entgegenstreckt, wie es dem Arzt bei einer Krankenschwester im Niger passiert sei, müsse man überlegen, »welche ›Figur‹ man dazu macht. Da sind wir mitten in diesem Fremdraum. Ich habe dieses Gefühl mit meinem Verstand und dem Wissen, wie ich Angst überwinden kann, angeschaut, ich steige dabei kurz einmal in diesen Verstand hinauf und frage mich: ›Warum macht die das?‹ Dank dem Wissen, warum sie es macht, welche Kultur, welche Gepflogenheiten und welche persönliche Geschichte vielleicht dahintersteht, ist dann die Angst, das Ungemütliche weg.« Das Ungemütliche, dieses anfängliche Fremdeln, gebe es ja auch zu Hause, etwa wenn man bei jemandem eingeladen sei. »Es hat ja einen Sinn, warum der einem ein Glas Wasser oder einen Kaffee anbietet: Um dieses initiale Fremdeln umzuleiten, trinkt oder raucht man miteinander. Das Fremdeln kenne, erwarte und finde ich regelmäßig, besonders natürlich dort, wo ich mich bewusst darauf einlasse, in der Fremde selbst. Wenn das ein angstvolles Fremdsein ist, muss ich mir überlegen, was macht die Angst mit mir? Warum haben so viele Menschen bei uns jetzt Angst vor dem Fremden? Angst ist grundsätzlich nichts Schlechtes – es ist aber ein so verbreitetes und immer verbreiteteres Phänomen. Egal, wo ich bin, aber vor allem hier, zu Hause.«

Man könne Angst nicht verscheuchen, indem man sagt,

›hab' keine Angst‹, denn da werde die Angst meistens größer. Aber Angst sei etwas, das einen, wenn man dazu bereit ist, auf etwas schauen lässt, und zwar auf die persönlichen Ressourcen. »Man sollte sich fragen, wie schaut meine Ressourcenkammer aus, was steht da drinnen? Im Zusammenhang mit dem Fremdsein ist es sehr hilfreich, ein Buch da drinnen stehen zu haben, auf dem steht: ›Lexikon der fremden Phänomene, Daseinsformen‹, etwas, wo man nachschauen kann und das Fremde zunächst einmal als das andere, nur bisher noch nicht Bekannte identifizieren und sich näherbringen lassen kann. Dann gibt es noch andere, vielleicht ›tiefere‹ Ressourcen, und diese unter- oder überirdischen Quellen muss wohl jeder für sich herausfinden und erschließen. Wenn ich dann über diese meine Ressource verfüge, wovor habe ich dann eigentlich Angst? Fremdheitsgefühl als Initialzündung führt mich immer in den Ressourcenkeller und muss das auch.«

Letztendlich gehe es bei der Angst um die philosophische Frage, ob der Mutige deswegen so mutig ist, weil er keine Angst hat, oder einfach nur, weil der Mut ihm über eine Schwelle hilft. »Es braucht nur ein bisschen mehr Mut als Angst. Man kann sehr viel Angst haben und dennoch mutig sein«, konstatiert der Weitgereiste. Neugierde gehöre auch zum Überwinden des Fremdheitsgefühls, die müsse man sich leisten können und wollen.

»Die Frage ist: Wie sehr ist man bei sich, bevor man zu den anderen geht? Das ist ein großes Beziehungsthema. Meine Erfahrung ist, dass man mehr bei sich ankommt, wenn man den Umweg über das andere, das Fremde macht. Ich komme nach meinen Exkursionen in das Fremde anders zurück.«

Die Erfahrungen, die Harald Kubiena bei seinen Auslandseinsätzen macht, sind wirklich speziell und nicht vergleichbar mit Bildungs-, geschweige denn Urlaubsreisen in ein fernes

Land. Er bewegt sich im Niger in Westafrika hinter Stacheldraht: »In Agadez, einer der größten Städte Nigers, landen 90 Prozent all derer, die aus Subsahara-Afrika kommend das Mittelmeer überqueren wollen, es ist momentan eine der größten Migrations-Drehscheiben. In dieser Welt kann ich mich außerhalb der Klinik nicht bewegen, weil es einfach zu gefährlich ist. Ich bin in einer kleinen, stacheldrahtgesicherten Zone inmitten von Fremdartigkeiten und operiere dort Kinder im Gesicht, die ausgestoßen werden, weil sie aufgrund einer Vielzahl an Unterernährungs- und Mangelerscheinungen eine Krankheit ereilt, die neun von zehn das Leben kostet. Diese Krankheit heißt Noma und die zehn Prozent, die überleben, sind dermaßen entstellt, dass sie von ihren Stämmen, ihren Familien ausgestoßen und von den gesunden Kindern an den Rand gedrängt werden. Das ist dann der Rand vom Rand, Straßenkinder aus dem ganzen Land. Das Ziel jeglicher Behandlung ist Reintegration. Die Krankheit und die Behandlung spielen sich im Gesicht ab, sodass jedes Kind, dessen Gesicht einigermaßen wiederhergestellt wird, auch zu einer Art Botschafter wird, weil man nachher nicht mehr die Spuren der Erkrankung, sondern vielmehr die Spuren der Behandlung sieht.«

Die Behandlung findet gemeinsam mit lokalen Ärzten statt. Harald Kubiena bietet mit einer Hand etwas an, das dort niemand kann – in ganz Niger mit seinen mehr als 17 Millionen Einwohnern gibt es beispielsweise nur 20 Anästhesisten, und Plastische Chirurgie kann im ganzen Land niemand erlernen –, und mit der anderen Hand versucht er, sich entbehrlich zu machen, indem er seinen Kollegen etwas zeigt, »was sie können könnten und dann besser können, wenn man ihnen auch sagt, dass sie es können. Es ist ein Schwebezustand zwischen Anpacken und Loslassen.«

Noma ist vorwiegend in Westafrika zu finden und ereilt Kinder zwischen dem ersten und zweiten Lebensjahr. 90.000 Kinder sterben jährlich in dieser Region an der Erkrankung oder den Folgewirkungen. »Was wir dort machen, ist, was die Zahl betrifft, symbolisch, es gibt ein paar Institutionen, die teilen sich die Arbeit in ausschließlich durch Spendengelder errichteten kleinen Krankenhäusern, ›Ärzte ohne Grenzen‹, englische, Schweizer, französische und deutsch-österreichische Teams.«

Harald Kubiena macht diese Einsätze in seiner Freizeit. Er leitet eine kleine österreichische NGO zu Noma, die sich gemeinsam mit einer großen deutschen, der ›Hilfsaktion Noma e.V.‹, nur diesen Kinder und dieser Krankheit widmet, für Aus- und Weiterbildung und Versorgung dieser Randgruppe zuständig ist.

»Das Fremde hat ein Gesicht und da ich ja damit befasst bin, in der Fremde als fremdes Gesicht fremde Gesichter wieder ganz zu machen, komme ich um das Gesicht nicht herum. Ich sehe die Gesichter vor einer Behandlung, während einer Behandlung – ich operiere acht Stunden an ein und demselben Gesicht herum – und ich sehe die Gesichter nach der Behandlung. Ein besonderes Phänomen wird erlebbar, wenn ein Gesicht ein anderes Gesicht sieht. Da spielt sich etwas Interessantes ab, was wissenschaftlich mittlerweile auch ausgeleuchtet wurde: Ein Gesicht beeinflusst das gegenüberliegende Gesicht. Ein Gesichtsausdruck macht beim anderen einen Gesichtseindruck und wiederum einen Gesichtsausdruck, so als würde man zwei Spiegel einander gegenüberstellen. Indem man Gesichtskontakt herstellt, lässt sich dieser Fremdheitsnebel durchschreiten, wenn man sich bewusst wird, dass man sich ja im Gesicht des anderen ›wiederfindet‹.«

In dem Kinderkrankenhaus für die Noma-Kinder gibt es keine Spiegel, die Kinder können sich vor, während und nach dem Eingriff nicht sehen. »Aber die Kinder sehen sich in dem Gesicht, das sie ansieht. Der Gesichtsausdruck, den ich aufsetze und den ich ja auch bewusst steuern kann, macht in dem anderen Gesicht etwas. Ich hoffe, nie zu vergessen, wenn ich in ein fremdes Gesicht schaue, dass ich in dem Gesichtsausdruck auch meinen sehe. Das heißt, ich bin maßgeblich an der Geschmacksrichtung des Fremden beteiligt.«

Das Fremde begegne einem im Niger natürlich auch in den Gesichtern dieser entstellten kleinen Kinder. Das Fremde begegne einem aber auch im Umgang der Eltern mit diesen Kindern, wenn sie oder die Großeltern die Patienten in die Klinik bringen. »Was das für eine Schande ist, welche körperliche Aggression gegenüber diesen Kindern besteht! Die schleppen sie an wie einen unerzogenen Hund. In Wirklichkeit haben die ja noch sieben andere Kinder, um die sie sich kümmern müssen. Das kranke Kind macht nur Schwierigkeiten. Das ist ganz schön befremdend. Das erzeugt nicht Angst, sondern vielmehr Unverständnis und fast schon Aggression, wie man so mit Kindern umgehen kann. Aber da hilft es, in das Ressourcenkammerl zu gehen und nachzuschauen im Lexikon der Fremdartigkeiten und zu erkennen, warum das im Niger eben so ist. Hinter dem unguten Verhalten, dem Gipfel dieses Eisbergs, verbirgt sich viel, was dieses Verhalten bewirkt. Das kranke Kind schwächt sozusagen die ganze Herde, deshalb wird es so aggressiv behandelt. Dieses Gefühl lässt sich leichter ertragen, wenn man weiß, warum es ist, wie es ist. Und dann gibt es noch die große Frage, warum macht mich selber dieses Verhalten so wahnsinnig.«

Er bewege sich in der Fremde nicht, indem er eine Kulturreise mache und sich dann dort bewirten lasse. »Ich trete ja dort ins fremde Elend ein. Armut ist im Auge des Betrachters, der nicht arm ist, oft etwas ganz anderes als im Auge des Betrachters, der selbst arm ist. Wir sehen die Dinge oftmals, das ist eine Erkenntnis in der Fremde, nicht so, wie sie sind, sondern vielmehr, wie wir sind.«

Das lasse sich durch eine Untersuchung untermauern. In den 1990er-Jahren gab die Weltbank eine Studie in Auftrag, die einer beträchtlichen Zahl an Probanden, aufgeteilt in zwei Gruppen, die Frage gestellt hat: »Was ist Armut?« Die eine Gruppe umfasste 60.000 Menschen aus 60 Low-Income-Ländern, die Teilnehmer der anderen Gruppe lebten deutlich über der Armutsgrenze. Es kamen völlig unterschiedliche Antworten. »Was ich daraus lernte, ist, dass der tatsächlich Arme als ›Armutsexperte‹ einen Begriff ins Spiel bringt, an den der nicht Arme nicht dachte, und das ist der Begriff der Schande. Das Gefühl der Schande entsteht zum Beispiel, wenn ich jemanden gerne zu mir hereinbitten und ihm einen Tee oder Zeit schenken möchte, und der mich so sieht, so beraubt aller Möglichkeiten. Diese Erkenntnis hat für mich im Umgang mit Menschen, die tatsächlich in Armut leben, einen großen Schalter umgelegt, denn Armut bekämpft man demzufolge, indem man das Gefühl der Schande bekämpft, das bedeutet Aufwerten, jemandem Luft unter die Flügel blasen und sagen, ›du kannst etwas, das ist das kleine Goldstück in dir‹, das hat jeder. Und das wirkt.«

Das wirke auch hier in Österreich, setze aber etwas voraus: das Zuhören und das Dazugehören. »Ich muss fremde Musik oder fremde Gerüche eine gewisse Zeit lang aushalten können, damit ich dann den nächsten Schritt machen kann. Ich muss mich dem bewusst aussetzen. Die Frage ist, gelingt es, dass man Menschen, die sich hier fremd fühlen und deshalb vielleicht ein Gefühl der Schande haben, dass man die aufbaut, Inländer wie Zugezogene? Es gibt ja niemanden, der sich nicht schon irgendwo fremd gefühlt hat. Wenn Fremdheit zu Fremdsein und dadurch zu einem Gefühl der Schande führt, dann wünsche ich all diesen Menschen, dass sie eine Zugehörigkeitsinfusion erhalten.«

Wenn man erkenne, hier oder sonstwo, dass wir einander ähnlich sind, würden die Wolken der Fremdheit verfliegen, meint Harald Kubiena. »Wir könnten uns allerdings der Gefahr ausgesetzt sehen, zu erkennen, dass wir ähnlicher sind, als es uns recht ist, wir und die anderen, die Fremden.«

Eine seiner erinnerungswürdigsten Erfahrungen habe er in Srinagar im indischen Teil Kaschmirs gemacht, wo er mit seinem Team an zwei Tischen in einem Operationssaal wie am Fließband operiert habe, vom verstümmelten Greis über das Säureattentatsopfer bis zum Mann, der bei Elektroarbeiten seine Finger verloren hatte. »Ich habe mich dort gigantisch fremd gefühlt, war immer wieder in der Enge, in der Angst. Dieser Zustand resultiert natürlich auch aus dem Mangel an Schlaf und den sehr unguten Folgen des ungewohnten Essens. Wir haben dort viele unvorhergesehene, ernsthafteste Zwischenfälle erlebt, weil die Zusammensetzung des dortigen Narkosemittels nicht passte. Wir mussten Kinder reanimieren, zweimal hintereinander, man wird wahnsinnig. Draußen die Eltern, die dankbar sind, wenn man das Kind behandelt. Wenn du es nicht oder falsch behandelst oder gar umbringst, würden sie dir nach dem Leben trachten. Das war dort eine große Bedrohung.« Dazu kam ein indischer Arzt, dem sie etwas beibringen wollten und der sagte, er werde durch die Anwesenheit der Europäer mit der Schande seines Nichtkönnens und der Frustration seiner Existenz als schlecht ausgebildeter, schlecht bezahlter Arzt umso mehr konfrontiert, er sei froh, wenn die Ausländer wieder wegfahren. »Am Ende dieses sehr auslaugenden Aufenthalts kam ich auf den Flughafen von Delhi, aufgerissen an Leib und Seele, stinkend, aufgelöst, und sah auf einem Screen Werbung mit der ganzen bunten Welt der Commercials, und plötzlich eine Milchstraßengalaxie. Und ein Text poppte auf, der lautete: ›Sometimes you find yourself in the middle of nowhere.‹ Und ich dachte mir, ja, genau dort bin ich jetzt«, erinnert sich Harald Kubiena lachend. »Das nächste Bild, Milchstraße, ein neuer Text: ›And sometimes in the middle of nowhere you find yourself.‹ Genau das war es und ist es immer wieder, was man am Rand, wo Begegnung stattfindet, erfahren kann! Das Fremde ist für uns manchmal das Äußerste, in dem wir uns wiederfinden. Aber wer findet denn dann wen? Wenn es zwei Menschen sind, ist es oftmals so, dass wir uns im anderen finden, dass wir uns finden im jeweils anderen. Das ist für mich der Schatz, den man in der Fremde erst einmal aushalten muss. Aber er ist es wert, gehoben zu werden, denn man hebt damit immer auch ein Stückchen von sich selbst hinauf. Es ist immer bereichernd.«

Dem Fremden sei die Irritation immanent, »das Irritierende ist ja auch immer fremd, das sind Geschwister. Das beinhaltet aber das, was man jedem und sich für sich selber wünscht, nämlich ganzer zu werden, mehr bei sich anzukommen. Die Heimat, die man in Gefahr sieht, wenn man mit dem Fremden konfrontiert ist, findet man oftmals erst so richtig in der Auseinandersetzung mit dem Fremden. Vielleicht gerade erst dadurch.«

»Ich bin eine Fremde
in der Fremde,
egal, wo ich bin«

Maynat Kurbanova, 1974 in Tschetschenien geboren, ist Journalistin beim US-Sender Radio Liberty in Wien. In Russland war die allein erziehende Mutter einer Tochter Kriegsberichterstatterin. Seit fünf Jahren lebt sie mit ihrem Kind in Österreich, davor war sie fünf Jahre in Deutschland. Aus politischen Gründen kann sie nicht in ihrer Heimat Tschetschenien sein.

»Wenn wir nicht von Nationalitäten, Religionen, Sprachen sprechen, sondern von der menschlichen Ebene, dann ist für mich alles fremd, was ich als Person, als Frau nicht teile, was ich nicht als meine Werte, als meine Einstellungen, als meine Vorstellungen von einem menschlichen Handeln teilen kann. Mir ist jegliche Form von Ausgrenzung fremd, jegliche Form von Ungerechtigkeit, Menschen zu verurteilen aufgrund von deren Sprache, Herkunft, Religion, Geschlecht. Das, was unmenschlich ist, das ist mir fremd.« Sie definiere Menschen nicht über ihr Geschlecht oder ihre Nationalität oder Sprache oder Religion. »Diese Definierung aufgrund dieser drei, vier Kriterien ist mir fremd.«

Es habe, sagt die Frau mit der fast porzellanweißen Haut und den hellblauen Augen, im Zuge ihres Lebens im deutschsprachigen Raum natürlich auch viel gegeben, was im Alltagsleben völlig fremd war, wo sie sich habe umorientieren oder einfach daran gewöhnen müssen.

»Wenn bei uns jemand zu Gast ist, wird sofort etwas zu essen angeboten. Und es gehört sich, ein- oder zweimal Nein zu sagen. Man sagt nicht einfach Ja, setzt sich hin und isst. Man kokettiert ein bisschen. Und die Pflicht des Gastgebers ist es, den Gast zum Esstisch zu bringen. Für mich war es anfangs schockierend bei meinen deutschen Bekannten, wenn ich deren Angebot zu essen oder zu trinken ablehnte, in der Hoffnung, dass es mir noch einmal angeboten würde, dass es dann einfach nichts gab«, lacht sie.»Das war meine erste komische Erfahrung. Da musste ich mir eben selber helfen und ich habe, wenn ich essen wollte, von da an sofort Ja gesagt, das musste ich mir aneignen. Solche Geschichten gab es viele.«

Die Rolle der Frau in Westeuropa hingegen war der Alleinerzieherin nicht fremd. Was über die tschetschenische Gesellschaft als Macho-Gesellschaft erzählt wird, sei ein bisschen überzogen.»Es ist mehr Schein als Sein. Auch die Frauen spielen da gerne mit, präsentieren die Männer als Entscheidungsträger und verstecken sich dahinter. Aber in jeder ganz normalen Familie hat die Frau das Sagen. Nach außen wird der Schein gewahrt. Ich bin noch dazu mit westlicher Kultur, Literatur, Kunst aufgewachsen und von klein auf damit vertraut. Wie die Menschen hier leben, war mir nicht fremd, das sind auch meine Werte.«

Schockierend und irritierend und auch nach zehn Jahren im deutschsprachigen Raum noch unverständlich sei ihr aber, dass die Frauen hier weniger verdienen als die Männer. Oder dass Frauen geschlagen werden, dass es Gewalt in der Ehe gibt.»Ich habe ja noch die Sowjetunion erlebt, agonisiert zwar, aber dennoch. Unsere sowjetischen Vorstellungen über Europa, über den Westen waren einerseits sehr stark von sowjetischer antiwestlicher Propaganda geprägt, andererseits gab es bei den Intellektuellen ein idealisiertes Bild des Westens. Wir waren von sowjetischer Propaganda und von schönen westlichen, zumindest propagierten Werten und Vorstellungen geprägt. Daher war es schockierend zu erfahren, dass es im Alltag Ausgrenzung gibt, dass Frauen weniger verdienen als Männer, dass viel weniger Frauen in Führungspositionen sind.«

Im Fernsehen und von den Zeitungen sei den Menschen in der Sowjetunion auch immer eingeredet worden, dass im Westen Nachbarn ein ganzes Leben Tür an Tür leben und einander gar nicht kennen, dass das die kapitalistische Gesellschaft sei, die nur auf sich bezogen, egoistisch sei, in der es keinerlei Familienwerte gebe, keinerlei Zusammenhalt. »Und dann bin ich in München gelandet. Am dritten Tag klopft es an der Tür. Ich sprach damals kein Wort Deutsch, kannte nur das Wort kaputt aus den sowjetischen Filmen über den Zweiten Weltkrieg. Ich öffnete, da standen vier Frauen und zwei Kinder – die Nachbarinnen. Die hatten mitbekommen, dass in die Wohnung, die dem deutschen Pen-Club gehörte und in der einander Stipendiaten abwechselten, eine Neue eingezogen war. Sie wollten sich vorstellen, brachten Kuchen mit, sie hatten für meine Tochter Kinderbücher und Spielsachen mit und einen Sack voller Kinderkleidung. Ich stand da und meine ganze sowjetische Propaganda ist in dem Moment zusammengebrochen. Wir saßen dann Kuchen essend beisammen, ich konnte ohne ein Wort kommunizieren mit Händen und Füßen, ich nenne es Esperanto-Sprache, Wörter aus Latein, Englisch, dem internationalen Wortschatz. So haben wir uns prima unterhalten und wurden Freunde.«

Es gebe aber auch Gewohnheiten, die tief in ihr sitzen und die über Bord zu werfen Überwindung koste. »Es mag viele irritieren, aber bei Tschetschenen ist es sehr unschön und unüblich, die eigenen Kinder vor Fremden zu liebkosen, zu umarmen, ihnen Zärtlichkeit zu zeigen. Man ist mit den eigenen Kindern auf Distanz. Das bedeutet nicht, dass man die eigenen Kinder nicht liebt oder sie sonst nicht liebkost und küsst, aber eben nicht in der Öffentlichkeit. Ich habe sehr, sehr lange gebraucht, das zu ändern. Irgendwann wurde mir bewusst, dass meine deutschen Freunde womöglich denken, ich wäre mit meinem Kind emotional kalt, dass die Menschen das negativ auslegen würden. Ich habe dann begonnen, meine Tochter in den Arm zu nehmen, so wie ich das ja auch tat, wenn wir alleine waren, aber bis heute kostet mich das vor anderen Überwindung, da bin ich zurückhaltend.«

Viel gebe es, sagt die Frau mit dem so korrekten, facettenreichen Deutsch, was man in Tschetschenien anders macht als hier, vor allem, was die Kinder angeht und die Familien. In Tschetschenien lebt man nicht abgetrennt in Wohnungen. Dort lebt man in großen Häusern in großen Familien. Das individualisierte Leben hier sei für Tschetschenen ungewöhnlich, da brauche man neue Umgangsformen.

»Was ich in Tschetschenien mit der Muttermilch aufgesogen habe, was ganz selbstverständlich war, das muss ich jetzt meiner Tochter erklären. Schwierig wird es, wenn sie nach Traditionen fragt, diese zu hinterfragen. Kinder fragen, warum etwas so ist. Und ich als Mutter kann mir mitunter selber nicht den Ursprung einer Tradition erklären. Zum Beispiel darf in Tschetschenien eine Schwiegertochter die gesamte Verwandtschaft des Mannes nicht beim Namen nennen. Sie erfindet Ersatznamen. Meine Tochter verstand nicht, woher diese komische Tradition kommt. Ich musste dann recherchieren und fand heraus, dass diese Gewohnheit vor Hunderten Jahren entstanden ist, noch vor der Islamisierung, als die Tschetschenen Heiden waren. Da glaubte man, es gäbe böse Geister und die würden versuchen, die neue Familie zu zerstören. So erfand man neue Namen, um die Geister in die Irre zu führen. Erst als ich das zuerst für mich, dann für meine Tochter herausgefunden hatte, war es für sie klar, dass das eben so ist. Da sind Bilder, da ist Geschichte, da ist Mythos, und dann versteht sie.«

Umgekehrt sei es für das Kind nicht verständlich gewesen, was ihr tagtäglich an Klischees begegnet, an Irritationen. »Für die Kinder, die hier aufwachsen, ist unverständlich, warum sie immer als Tschetschenen, als Muslime wahrgenommen werden, warum mit ihnen anders umgegangen wird. Wobei meine Tochter mehr Zeit hier verbrachte als in Tschetschenien. Sie war drei Jahre alt, als wir herkamen. Andere Tschetschenen sind hier geboren, warum werden sie trotzdem als etwas Besonderes betrachtet, als Muslime? Meine Tochter kann Deutsch besser als Tschetschenisch, übrigens auch besser als viele deutsche und österreichische Kinder, gepflegter und mit größerem Wortschatz. Dennoch gab es in der Schule seltsame Vorfälle. Da wurden die Kinder in Gruppen aufgeteilt, mit der Auflage, in jeder Gruppe müsse ein Kind mit Deutsch als Muttersprache sitzen. In der Gruppe meiner Tochter saß ein Kind, das als Säugling aus Vietnam in eine sehr vornehme österreichische Familie adoptiert wurde. Aber dem Kind sieht man eben an, dass es nicht hier von Autochtonen geboren wurde. Für die Kinder ist es selbstverständlich, dass dieses Kind Deutsch als Muttersprache hat. Dann kommt der Lehrer und sagt, bei euch ist aber kein Muttersprachler in der Gruppe. Die Kinder insistierten: ›Ja, doch!‹ Der Lehrer wusste ganz genau, dass dieses Kind als Säugling herkam und ein österreichisches Kind ist. Dennoch diese Reaktion!«

Solche Ereignisse seien anstrengend und ärgerlich. Aufgrund dieser Einstellung hat Frau Kurbanovas Tochter die Schule gewechselt. Das Klima dort sei unerträglich gewesen. »Nicht von den Kindern, sondern von Seiten des Lehrkörpers. Der Deutschlehrer brachte in den Unterricht diese Gratis-Blätter mit! Der sollte den Kindern doch beibringen, dass das keine Sprache ist, kein Journalismus, keine Zeitung! Man macht die Sprache dadurch ja nur kaputt! Und der kam, wenn ein Vorfall mit Tschetschenen in solchen Blättern stand, damit extra in die Schule und sagte: ›Na, Amina, wieder etwas angestellt heute!‹ Meine Tochter hat elendiglich gelitten, vier Jahre Gymnasium Unterstufe, hat fast jeden Tag geweint. Ich habe das meiner Tochter so erklärt: ›Er hat versucht, dich kaputt zu machen. Aber am Ende hat er dir einen großen Gefallen getan. Er hat dich stärker gemacht, er hat dir gezeigt, dass du im Leben immer solche Typen treffen wirst, dass das Leben nicht nur aus netten Leuten besteht, er hat dich gelehrt, wie du mit so etwas umgehst. Du hast mit lauter Einsern dein Jahr abgeschlossen, er konnte dich nicht dazu bringen, dass du schlechter wirst.‹« In der Schule habe die Tochter versucht, ihr Leid nicht zu zeigen, aber zu Hause habe sie bitterlich geweint. »Und ich konnte ihr nicht helfen. Das Einzige, was ich ihr sagen konnte: ›Du musst lernen, dass das immer im Leben vorkommt.‹« Jetzt hat die Tochter jedenfalls einen riesigen Wunsch erfüllt bekommen: Zwei Babykatzen wuseln in der Wohnung herum, zwei weggeworfene Katzen aus dem Burgenland.

Als Maynat Kurbanova nach Österreich kam, wurde sie von einer Journalistin gefragt, wie sie damit umgehe, dass die Tschetschenen hier einen so schlechten Ruf haben. Sie aber wusste gar nichts von einem schlechten Ruf, denn sie kam aus Deutschland, wo das überhaupt nicht der Fall war. »Ich kam 2005 dorthin, war ständig auf Reisen, auf Konferenzen, Podiumsdiskussionen, erzählte aus dem Krieg und war immer mit einem positiven Bild konfrontiert. Die Tschetschenen waren die Freiheitskämpfer und die Opfer. Und plötzlich, in Österreich, war ich mit dem Bild des Tschetschenen als Täter konfrontiert. Ich war fassungslos, als mich die Kollegin das über den schlechten Ruf fragte. Nach rund einem Jahr verstand ich, was sie gemeint hatte. Und tatsächlich, egal, wo man hingeht ... das Netteste, was man mir sagt, ist: ›Sie sehen aber nicht wie eine Tschetschenin aus!‹« Sie lacht herzhaft. »Dann frage ich immer: ›Haben Sie viele Tschetschenen gesehen? Wie sehen denn Tschetschenen aus?‹ Die Tschetschenen sehen unterschiedlich aus, sind blauäugig, hellhaarig oder eben auch nicht. Es gibt völlig verhüllte Frauen, es gibt welche, die sich nicht bedecken wollen. Es gibt sehr religiöse, es gibt säkulare, konservative, moderate, wie Österreicher auch.«

Es gebe auch viele allein erziehende Mütter, Geschiedene und viele Witwen durch den Krieg. Eine Tschetschenin dürfe sich scheiden lassen und tue das auch gerne. »Menschen wie ich entsprechen nicht den österreichischen oder europäischen Klischees, aber für uns ist eine allein erziehende Mutter, die Geld verdient, ganz normal. Auch in Österreich gibt es viele allein erziehende, Geld verdienende Frauen, die studiert haben. Was sollen sie denn machen, wenn sie allein erziehend sind, da müssen sie ja arbeiten und Geld verdienen! Ich bin da nichts Exklusives.«

Sie, mit ihrem Aussehen und ihrer Art, durchs Leben zu gehen, betreffe das tschetschenische Image nicht so. Aber natürlich sei es bedrückend. »Ich mag nicht jeden Tag damit konfrontiert werden, dass ich zu einer verbrecherischen Nation gehöre, in der alle davon träumen, in Syrien oder hier

Kriminelles anzustellen. Ich mag auch nicht als unterdrückte Frau dargestellt werden. Ich mag überhaupt über kein Klischee definiert werden. Ich habe mehrere Identitäten, so wie jeder Mensch. Die Klischees nerven. Für mich aber ist es viel einfacher als für andere Tschetschenen, die vielleicht nicht so mit der Medienlandschaft vertraut sind, denn ständig gibt es diese Stigmatisierung. Wir haben einen Frauenverein, wo mich dauernd Frauen fragen, warum wir immer die Sündenböcke sind. Wir waren das in Russland und hier sind wir es auch. Ich sage dann: ›Stell dir vor, dein Sohn steht in der Früh brav auf, geht zur Arbeit, kommt abends nach Hause. Das interessiert die Medien nicht, das ist langweilig. Aber wenn dein Sohn jemanden angreift und dabei noch Allahu Akbar schreit, dann ist das ein Ereignis. So ticken Medien.‹« Die Tschetschenen lieferten aber auch Stoff. Vor allem diese traurige Entwicklung mit der Radikalisierung, mit den ausgereisten Jugendlichen, schade dem Ruf. »Wenn von unserer Seite in dieses Feuer auch noch Holz hineingeworfen wird, dann ... sowohl wir als auch ihr haben noch eine lange Arbeit vor uns.« Das »ihr« betont sie wie in einem Theaterstück und amüsiert sich über diese selbst eingebrachte Differenzierung und gleichzeitige Verallgemeinerung.

Schnell werde das Image der Tschetschenen nicht verschwinden. »Allerdings: Als die Flüchtlinge kamen, haben einige Tschetschenen gescherzt, sie könnten sich jetzt bald zurücklehnen. Denn die nächsten Sündenböcke werden Syrer, Afghanen, Iraker sein.«

Fremd fühlt sich die Journalistin in Wien nicht. Zu Hause aber auch nicht. »Ich bin nirgendwo zu Hause, das hat mit Österreich nichts zu tun. Zu Hause ist für mich dort, wo der Akazienbaum unter meinem Balkon blüht und so herrlich duftet wie nirgendwo auf der Welt, dort, in Tschetschenien.«

Ich habe in Deutschland, in Italien, in Tschechien gearbeitet und Zeit verbracht. Es geht mir gut, ich mag Wien sehr, da gibt es einen sehr großen Unterschied zu Moskau, zu Berlin, zu anderen Großstädten. Hier ist alles langsam, träge. Aber zu Hause bin ich hier nicht. Hier ist mein Heim. Im Mai, wenn die Akazien blühen, da will ich nach Hause. Und dort, wo ich dann hinwill, dort muss wohl mein Zuhause sein. Wenn manchmal dieses starke Verlangen kommt, nach Hause zu gehen, und das ist nicht meine Wohnung, die ich angemietet habe, dann heißt das, ich bin weder hier noch woanders Zuhause.«

Auch im Denken sei die Hauptsprache das Tschetschenische, nicht einmal das Russische, obwohl das Maynat Kurbanovas zweite Sprache und die Amtssprache in Tschetschenien ist. »Natürlich denke ich auch auf Deutsch oder Russisch. Aber träumen, wütend sein, traurig sein, das tue ich auf Tschetschenisch. Ich bin eine Fremde in der Fremde. Egal, wo ich hingehe, ich bin fremd.«

»Fremd ist man, weil es einem
dauernd gesagt wird«

*Nina Kusturica, geboren 1975 in Mostar, Bosnien, flüchtete
zu Kriegsbeginn 1992 mit ihren Eltern, einer Schauspielerin
und einem Dirigenten, sowie ihrer kleinen Schwester und
der Stiefmutter nach Wien, wo ihre große Schwester Geige
studierte. Nina Kusturica ist mit dem renommierten Filme-
macher Emir Kusturica entfernt verwandt. Die Jungmutter
absolvierte die Filmakademie, ist Filmemacherin und
unterrichtet Schauspiel.*

»Meine Mutter kommt aus Split in Kroatien, mein Vater aus
einer muslimischen Familie in Herceg Novi in Montenegro.
Aber wir sind ja in Jugoslawien so aufgewachsen, dass es
überhaupt keine Rolle spielte, wo jemand herkam. Meine Eltern haben einander in Mostar kennengelernt, meine Mutter
ist Schauspielerin, mein Vater Dirigent. Sie haben gemeinsam an einem Projekt gearbeitet. Meine Schwester und ich
sind in Mostar auf die Welt gekommen, die dritte Schwester
dann in Sarajevo, aus der zweiten Ehe von meinem Papa. Wir
sind also aus einer gemischten Ehe. Meine Mutter heißt Rat-
ka, rat heißt Krieg. Sie ist ein Kriegskind aus dem Jahr 1942.
Damals waren die Italiener in Split. Man musste die Namen in
der Geburtsurkunde auf Italienisch eintragen. Ihr Vater hieß
Vjekoslav, die Italiener haben ihn auf Luigi umgetauft. Und
meine Mutter wurde Guerrina getauft, guerra heißt auf Italienisch Krieg«, erzählt Nina Kusturica in perfektem Deutsch
mit einem Hauch von Akzent.

Kriege haben sich durch ihre Familiengeschichte gezogen. »Wir sind durch einen Krieg nach Wien gekommen. Als ich 17 war, kam der Krieg nach Sarajevo. Wir sind dann nach Wien geflüchtet, weil meine Schwester hier Geige studiert hat. Sie war Ende der 1980er-Jahre hergekommen. Wir kannten den Busfahrer, denn meine Mutter hatte dem immer Pakete mit Essen aus Sarajevo für meine Schwester mitgegeben. Manchmal sind wir auch mit ihm gefahren, um sie zu besuchen. Dieser Busfahrer hat uns in einer Nacht- und Nebelaktion Plätze reserviert, das war im April 1992. Mein Vater hatte da so ein Gespür, dass die Schießereien andauern würden.«

Die damals 17-jährige Nina wäre gern in Sarajevo geblieben. Aber ihr Vater meinte, er könne das nicht verantworten für seine Kinder. »An dem Tag wollten sehr viele Menschen aus Sarajevo heraus. Wir waren schon im Bus, weil wir früh einsteigen sollten, denn der Busfahrer wusste, was los sein würde. Zigtausende waren am Bahnhof, die keinen Bus bekamen. Da habe ich erst den Ernst der Lage verstanden. Davor hatte ich mir selber erklärt, okay, es wird geschossen, aber das wird schon vorbeigehen. Irgendjemand hat ein bisschen zu viel Munition auf Lager, ist betrunken – ich habe nicht die Dimension sehen können oder wollen. Als ich am Bahnhof war, verstand ich, dass es ernst ist. Da habe ich auch gespürt, welches Privileg wir haben, in diesem Bus sitzen zu dürfen. Ich hatte nur einen kleinen Koffer mit, mit Jeans, ein paar T-Shirts, einem Buch aus der Bibliothek, das ich ausgeliehen hatte, denn ich dachte, ich würde in zwei, drei Wochen zurückfahren und das Buch zurückbringen. Ich habe es noch immer. ›Promessi Sposi‹, ›Die Verlobten‹, von Alessandro Manzoni. Ich habe es noch immer nicht zu Ende gelesen«, lacht sie.

Sonst habe sie nichts von Bedeutung eingepackt gehabt, kein Fotoalbum, keine sonstigen Erinnerungen. Man denke ja, man werde bald zurückkehren. »Wir haben nur den Schlüssel zu unserer Wohnung den Nachbarn gegeben, sie sollten auf die Pflanzen aufpassen«, imitiert sie den Tonfall einer naiven Person.

Das Leben in Wien habe sehr lange Zeit um ein Radio herum stattgefunden, um Nachrichten aus Bosnien zu hören. Das Radio sei der Lebensraum gewesen, egal in welchem Zimmer, in welcher Wohnung die Familie untergebracht war. »In Traiskirchen waren wir nicht, denn die gesamte Studenten-Community meiner Schwester hat uns aufgeteilt im Studentenwohnheim der Musik-Uni. Da war der Portier so nett und hat immer weggeschaut, wenn die große Familie da hineinspaziert ist und sich monatelang auf die Studentenzimmer aufgeteilt hat. Jahrelang hat das Herumziehen gedauert. Da war es praktisch, dass ich nur einen kleinen Koffer hatte. Später habe ich viel zu viele Sachen angehäuft. Jetzt bin ich wieder am Ausräumen«, amüsiert sie sich über sich. »Aber die ersten Jahre waren wir sehr light unterwegs, es war das, was man heute ohnehin möchte, ein minimalistisches Leben, aber natürlich hatte es bei uns einen anderen Hintergrund.«

Ungefähr ein halbes Jahr habe es gedauert, bis sie verstanden habe, dass sie und ihre Familie länger bleiben würden. Denn es habe die ganze Zeit Bosnien-Friedensgespräche gegeben. »Dann war im Mai Ruhe in Sarajevo, und wir waren schon am Überlegen, schon in dieser Bereitschaft, in zwei, drei Tagen einen Bus zurück zu nehmen. Dann waren der Sommer und der Herbst ein Horror, und dann war klar, wir würden bleiben müssen. Ich spürte damals, das ist so eine kostbare Lebenszeit, die ich da habe, wenn ich jetzt in so einer Warteposition bleibe und nicht einen neuen Weg einschlage, dann würde ich Mitte, Ende 20 aufwachen und der Krieg würde mein Leben bestimmt haben. Ich spürte, dass ich mich jetzt hier verorten soll. Die Themen ›fremd‹ und ›Ort‹ sind ja sehr verwandt.«

In Sarajevo hatte Nina Kusturica einen Deutschkurs besucht, damit sie sich als Touristin, wenn sie ihre Schwester besuchte, leichter tat. Aber viel habe sie nicht gekonnt. »Eigentlich habe ich mich fast ein Jahr lang nicht getraut, Deutsch zu sprechen. Ich habe mich auf Englisch unterhalten. Deutsch ist ja auch eine so anspruchsvolle Sprache. Ich hatte das Gefühl, wenn ich im Englischen Fehler mache, verzeihe ich sie mir eher. Im Deutschen ist die Struktur so wichtig, man muss auf die Reihenfolge der Wörter achten. Vielleicht dachte ich, Deutsch würde keine Fehler verzeihen. Vielleicht war es auch, dass ich stets dachte, ich müsse funktionieren, ich müsse gut funktionieren hier. Das war dann mein Motto, um durchzukommen, ich habe mich fast wie einen Roboter selber programmiert. Das Glück war, dass ich auf die Filmakademie aufgenommen wurde und studieren konnte. Da war ich dann die Streberin. Ich hatte ja gedacht, die Österreicher seien Streber, das hatte man bei uns in Bosnien behauptet. Plötzlich war ich die Pünktlichste, meine Studienkollegen, die alle Österreicher waren, die kamen nicht pünktlich, aßen ihre Semmel im Unterricht und ich, ich hatte zu Hause mein Brot gegessen, hatte gedacht, ich müsse den ganzen Tag durchhalten, war auf Funktionieren unterwegs. Ich war voll die Švabica«, lacht sie. Švabica kommt von Schwaben und ist in Bosnien ein nicht zwingend freundlicher Ausdruck für Deutsche.

Während des Studiums habe sie langsam begonnen, sich zu entspannen, aber eigentlich habe sie zehn Jahre gebraucht, um zu verstehen, »dass auch ich etwas trinken darf bei der

Arbeit und kurz rülpsen darf«, sagt sie lachend, »dass auch mir kleine Fehler verziehen werden«.

Sie habe das Gefühl, dass sich einiges verbessert habe in der Gesellschaft, dass man auf mehr Verständnis stoße, wenn man mit Akzent spreche, dass man nicht gleich korrigiert werde, wenn man nicht sofort das richtige Wort finde, dass das Gegenüber mitunter versuche, einen Kontext zu verstehen und nicht sofort darauf aufmerksam mache, wenn jemand die Artikel verwechsle.»Es lag damals sicher auch an meiner Unsicherheit, hier ganz neu zu sein, dass ich das auch viel mehr ausgestrahlt habe. Aber es war schon erstaunlich, dass Menschen nicht hören wollten, was man zu sagen hat, sondern auf die Sprache achteten«, sagt die Frau mit den langen blonden Haaren, die am Äußeren niemals als nicht hier geboren erkannt werden könnte.

Durch ihr unbedingtes Funktionierenwollen habe sie die Verrücktheiten, die man üblicherweise mit 17 macht, versäumt.»Die fehlen mir heute noch. Manchmal habe ich das Gefühl, ich möchte ein bisschen davon nachholen, von dieser Leichtigkeit der Jugend. Ich versuche, sie jetzt in meinem Leben zu haben, unabhängig vom Alter. Ich unterrichte auch Filmschauspiel, und Leichtigkeit ist in der Kunst ein wichtiges Thema, dass man die Dinge nicht starr macht, dass man beweglich bleibt, dass man dieses Gefühl des Leichten im Werk hat, denn dann kann man viel besser mit dem Publikum kommunizieren und angenommen werden. Nicht vom Thema her leicht, aber Leichtigkeit in dem Sinn, dass man sich nicht durch das Werk quält, dass man immer wieder schweben darf.«

Eine verrückte Jugend habe sie sich nicht leisten können, weder finanziell noch faktisch. Die ersten Jahre habe sie auch nur gewisse Arbeiten machen dürfen, wie etwa Babysitten. Dann habe sie, über viele Beziehungen, eine Arbeitsgenehmigung bekommen. »Dann musste ich abends arbeiten, tagsüber habe ich studiert, meine Tage dauerten von acht Uhr früh bis ein Uhr früh. Da hatte ich weder Zeit noch Geld zum Ausgehen. Entspannen konnte ich mich auch nicht, weil ein so großer Teil von mir noch in Sarajevo war, mit Freunden, mit anderen Familienmitgliedern. Den Begriff ›fremd‹ kann ich an zwei Dingen festmachen. Das eine ist, dass mir das hier gesagt worden ist, dass ich fremd bin. Man fühlt sich ja nicht von sich aus fremd. Man ist ja das ganze Leben mit sich unterwegs«, lacht sie. »Man gewöhnt sich an sich selbst. Meine Eltern und meine beiden Schwestern waren hier, das heißt, ich hatte ein familiäres Umfeld, in dem ich mich nicht fremd fühlte. Es gab auch ganz viele Menschen, die uns großartig willkommen hießen, mit der einen Nachbarin von früher sind wir heute noch in Kontakt. Aber es gab auch sehr viele, die uns das Gefühl gegeben haben, dass wir von woanders sind, dass wir nicht von hier sind. Und dann gibt es die Gesetze, etwa das Gesetz, dass man nicht arbeiten darf. Warum darf ich nicht arbeiten?, fragt man sich. Warum wird mir dieses Grundrecht nicht gegeben, zu arbeiten, für mich selbst zu sorgen? Meine Eltern waren 50. Man hat sie nicht gefragt, was sie von Beruf sind, was sie können. Niemand, keiner hat sich für ihre Erfahrung, ihre Expertise interessiert. Ich arbeite irrsinnig gerne und denke mir, es gehört zu einem normalen Leben dazu, arbeiten zu gehen. Das ist für mich ein Verbrechen, Menschen nicht arbeiten zu lassen. Da habe ich gespürt, ich werde anders behandelt, ich bin hier fremd, ich darf nicht, was die anderen dürfen, auch wenn ich es nicht verschuldet habe, dass ich da bin. Ich wurde vom Gesetz wie eine bestrafte Kriminelle behandelt. Der zweite Bereich des Fremdseins war das Gefühl, dass ich einerseits unterwegs war in diesen sicheren Straßen in dieser schönen Stadt mit spannenden Leuten und auch dieses spannende Studium machen durfte, andererseits aber ein großer Teil von mir noch sehr lang in Sarajevo geblieben ist. Bis nach dem Krieg, danach erst konnte ich loslassen. Ein Teil von mir fragte stets, was ist mit meiner besten Freundin, wo sind die anderen Freundinnen? Ich habe wie auf zwei Schienen gelebt. Eine war hier, und die zweite war in Sarajevo, wo ich mental, emotional war. Das ist natürlich ein Kraftakt. Als der Krieg wirklich endlich zu Ende war, habe ich im Frühjahr 1996 meine Sachen gepackt und bin wieder in den Bus gestiegen. Ich musste sofort die Leute dort sehen, sie umarmen, und von denen, die nicht überlebt haben, Abschied nehmen. Als ich nach Wien zurückgekommen bin, hatte ich diese zwei Schienen nicht mehr, habe das Kapitel Sarajevo ordnen können. Ich trage das jetzt nicht mehr täglich mit mir herum wie in diesen ersten vier Jahren.«

Eine Sache, die sie als Gefahr gesehen habe mit dem Fremdsein, sei, dass man sehr aufpassen müsse, dass diese Bezeichnung von außen nicht ein Teil von einem selbst werde. »Ich habe mich manchmal dabei erwischt, dass ich in dieser Funktion des Fremden einen Platz gefunden habe.« Lachend mimt sie eine Stereotype nach: »Das ist unsere Migrantin vom Dienst, die kann zum Thema Flucht und Migration sprechen und es ewig wiederholen. Wichtig ist, dass einem dieses Erleben nicht im Weg steht. Dass man nicht stehen bleibt an diesem schwierigen Punkt, der eine massive Veränderung des Lebens bedeutet.«

Im Denken sei sie zweisprachig. Wenn sie viel arbeite, denke sie eher Deutsch, da ihre Arbeit auf Deutsch stattfindet. Zu Hause spreche sie Bosnisch, weil ihr Mann auch aus Sarajevo stammt. Bosnisch sei die private Sprache. Lesen würde sie in beiden Sprachen und in zwei Schriften, Kyrillisch und Latein.

In den ersten fünf Jahren sei das Herkunftsland Bosnien bei den Familientreffen, den Abendessen regelmäßig Thema gewesen. Dann immer weniger. »Das verblasst ein bisschen. Eine Freundin aus Bosnien ist gerade zu Besuch, sie können dort nicht mehr über Politik reden, können nur überleben, indem sie nicht über die Zustände reden. Jetzt gibt es dort die totale Flucht in die eigenen vier Wände. Die Politik ist viel zu belastend, mittlerweile für eine ganze Generation wurden die Versprechen nicht eingelöst.«

Sie selber sei nie Bosnierin gewesen. Zum einen, weil es Bosnien ja nur wenige Monate in ihrem Leben gegeben habe. Vor allem aber, »weil ich die Zugehörigkeit zu einem Volk als etwas Lächerliches empfinde, ein Konzept, das ausgedacht wurde, um über Menschen zu bestimmen. Ich habe nicht das Gefühl, dass man zwingend etwas Gemeinsames hat mit jemandem, der zum selben Volk gehört. Ich verstehe regionale, sprachliche, thematische Nähe zu einer anderen Person. Volkszugehörigkeit ist ein sehr gefährlicher Begriff, der nach meiner Ansicht nur dazu da ist, um Menschen manipulieren zu können. Ich habe noch nie gehört, dass davon etwas Gutes kam. Als Bürgerin kann ich mich bezeichnen, als Staatsbürgerin, das ist ein administrativer Teil eines Lebens so wie ein Meldezettel. Deswegen fühle ich mich nicht irgendjemandem zugehörig. Aber ich bin hier zu Hause. Das hat gedauert, bis ich das sagen konnte. Ich habe sehr lange darauf gewartet, dass mir das jemand anderer sagt, dass ich hier sein darf, dass ich hier zu Hause bin. Meine kleine Schwester war fünf, als wir hergekommen sind. Sie ist zweisprachig aufgewachsen und super unterwegs, studiert, hat einen großen Freundeskreis, von dort, von hier, das ist ganz normal für sie.

Immer wieder sprechen wir am Familientisch darüber, wie lang man denn Flüchtling ist, ob wir noch immer Flüchtlinge sind. Jetzt kommen Flüchtlinge, sind wir jetzt keine mehr, weil die anderen die Flüchtlinge sind? Wir können doch nicht das Gleiche sein wie sie, wir haben hier ja schon ein Leben. Aber dann sehe ich, mit wie vielen Unsicherheiten das Leben noch immer aufwartet. Meine Eltern sind keine Österreicher, das werden sie auch nicht werden können, obwohl sie seit 25 Jahren hier leben. Natürlich ist das noch ein Teil unserer Geschichte, das Fremdsein – wie lange? Am Familientisch hat jeder für sich eine Erklärung. Manche werden dann auch stolz. ›Ich werde für immer Flüchtling sein, Flüchtling sein ist das Beste‹, sagt dann der eine halb romantisch, halb stolz. Ja stolz, denn es ist ja auch eine Leistung, eine solche Zeit meistern zu können, jeden Tag. Es ist natürlich auch Glück dabei, welche Begegnungen passieren, welche Kontakte entstehen. Meistens ist es nicht eine Möglichkeit, die einem vom System gegeben wird, sondern wen man trifft, wer zufällig eine Türe aufmacht, durch die man schnell durchhuscht«, lacht sie. »Ich kann sagen, dass wir Glück hatten. Ich hatte Glück, es gab zufällige Begegnungen, eine Nachbarin, jemand, der jemanden kennt und weiterhelfen kann. Denn so ist das nicht, dass es strukturell diese oder jene Möglichkeit gäbe, diesen oder jenen Weg zu gehen. Ich habe die Gelegenheiten am Schopf gepackt.«

Ihre kleine Schwester verstehe diese Debatten gar nicht. Sie sage, sie sei Flüchtling und Österreicherin. »Das ist ein toller Zugang, sie hat mich sehr inspiriert mit diesem Zugang. Ja, es geht sich aus! Warum muss ich entscheiden, wieso kann nicht ein Mensch aus Mehrfachidentitäten bestehen? Warum werden wir immer gezwungen, uns zu definieren als das oder das?«

Die jüngste Flüchtlingsbewegung habe die eigene Fluchterfahrung wieder hochschwappen lassen. »Ich habe uns mit anderen Augen gesehen. Vor allem meine Eltern. Damals war ich ja so mit mir beschäftigt, mein neues Leben zu managen, mit 17 ist man sowieso am Beginn des Lebens. Aber wenn man mit 50 flüchtet, das ist nicht zu vergleichen. Durch die jüngste Flüchtlingsbewegung habe ich viel über meine Eltern nachgedacht, welche Situation sie meistern mussten, sich in diesem Alter zurechtzufinden. Sie haben aber gelungene Leben. Sie haben uns eine Stabilität gegeben, als wir noch so viel auf diesen Ämtern herumgelaufen sind und uns sehr oft das Gefühl gegeben wurde: ›Ihr gehört nicht hierher.‹ Man fühlte sich nicht einmal wie eine Null, sondern man muss das Leben aus einem Minus heraus aufbauen, weil man hier mit einem Defizit startet. Das soziale Defizit ist das viel schwierigere als das sprachliche. Ein komplettes Reset in einem Alter, in dem man nicht dafür gemacht ist, sich noch einmal einen Freundeskreis aufzubauen. Der Verlust eines sozialen Umfelds, einer Umgebung, in der man ganz normal gelebt hat. Allein die Angst vor dem Installateur! In allen geflüchteten Familien haben wir das erlebt: Wo kriegst du einen? Wie kannst du dir das leisten? Du kennst niemanden, der dir einen billigen Installateur empfehlen kann! Du musst in eine Firma gehen, und sehr, sehr teuer bezahlen. Noch heute kriege ich beim Wort Installateur alle Zustände! Das ist nur ein Beispiel, wie es sich auswirkt, wenn man diese ganzen Privilegien nicht hat, die man hat, wenn man verwurzelt ist und ein Netzwerk hat und fragen kann, wie geht dies oder das. In diesem Vakuum zu leben! Es dauert Jahre, Jahrzehnte, bis man sich ein Netz aufgebaut hat, das geht ja nicht auf Knopfdruck.«

Am Anfang habe sie auch die Wiener Art missverstanden, habe sie als härter empfunden, als sie eigentlich ist. »Diesen

Schmäh, diese Oberfläche, dieses ein bisschen rotzig daherkommen, aber in Wirklichkeit dahinter sehr süß sein. Das
hat ein bisschen gedauert, ein paar Jahre. Aber ich hatte das
Glück, dass ich durch meine Arbeit, sowohl beim Spielfilm als
auch im Dokumentarfilm, mit sehr vielen Menschen in Kontakt treten musste, schon während des Studiums. Das waren
nicht nur die Auserwählten aus einer gewissen Schicht, wir
mussten auf der Straße mit Leuten sprechen. Durch die Jobs,
die ich machen musste, habe ich ziemlich schnell die Band-
breite, die Arten der Leute kennengelernt. Diese Jobs verhel-
fen mir auch heute zum Zugang zu Menschen. Durch diese
Fluchterfahrung und die Jobs, die wir als Familie annehmen
mussten, sind wir mit vielen in Kontakt gekommen. Das
war und ist auch heute noch bereichernd. Ich tue mich nicht
schwer mit Begegnungen. Mein jüngster Film spielt in einem
Call-Shop in Ottakring. Wenn ich da auf der Straße drehe,
komme ich super aus mit drei halb betrunkenen Altwienern
und genau so mit einem betrunkenen Marokkaner, der eine
Umarmung möchte«, sagt sie lachend, wie sie überhaupt viel
lacht im und über das Leben.

»Dass man sogar eine Ethnie
oder eine Religion auseinanderdividieren kann,
das ist mir fremd«

*Hannah Miriam Lessing, geboren 1963 in Wien, ist seit 1995
Generalsekretärin des Nationalfonds der Republik Österreich
für die Opfer des Nationalsozialismus und in dieser Funktion
viel und weit gereist. Davor hat die studierte Ökonomin
mehrere Jahre in Frankreich gelebt. Sie ist Jüdin und in einer
politisch und zeitgeschichtlich sehr interessierten Familie
aufgewachsen. Ihr Vater ist der berühmte »Staatsvertragsfoto-
graf« Erich Lessing, ihre Mutter Traudl Lessing war 40 Jahre
lang sehr erfolgreiche Journalistin beim »Time Magazine«.*

Prinzipiell sei ihr nichts fremd, sagt die stets modisch geklei-
dete Frau mit den großen, ausdrucksstarken Augen. »Wenn
ich ›fremd‹ auf Menschen beziehe, dann ist mir deswegen
nichts fremd, weil ich im Lycée Français großgeworden bin.
Das heißt, ich habe von klein auf alle Ethnien, alle Hautfar-
ben, alle Religionen kennengelernt und bin mit ihnen großgeworden. Dort stellte sich nie die Frage, wer fremd ist. Die
eine war die Michelle, die andere war die Sophie, die dritte
war die Pamba, der vierte war der Moncef. Im Lycée haben
die Muslime und die Juden an einem Tisch gegessen, weil wir
eben kein Schweinefleisch aßen. Aber ich habe nicht hinter-
fragt, warum ein anderer kein Schweinefleisch isst, sondern
der hat eben kein Schwein gegessen.«
1979, im Zuge der iranischen Revolution, seien sehr viele
Kinder aus dem Iran dazugekommen, durch den Libanon-

Krieg (1975–1990) sehr viele großteils christliche Libanesen, dann auch viele Palästinenser ohne Pass.»Das war mir alles nicht fremd. Eine Geschichte, die mich mit einem Palästinenser ohne Pass verband, die zeigte mir, ›fremd‹ kann es nicht geben, wenn man von klein auf damit aufgewachsen ist: Wir waren gemeinsam im Lycée und waren eng befreundet. Ich bin mit 18 in die jüdische Hochschülerschaft. Ein Jahr nach der Matura wurde ich von der Hochschülerschaft zu einer Veranstaltung geschickt, so eine ›Israel ist gleich SS‹-Geschichte. Ich komme zum Eingang und es steht dort der Hassan mit einer Kefia, schwerst vermummt. Er schaut mich an, ich ihn. Er sagt nichts. Ich gehe hinein, wissend, dass er genau weiß, dass ich nicht unterstützend gekommen bin, daher war es für mich eine Frage des Respekts, dass ich ihn nicht in Schwierigkeiten bringe. Ich war zehn Minuten drinnen, habe mir das angehört und bin dann gegangen. Auch wieder ohne Kommentar, an ihm vorbei. Ein Jahr später gab es unser Maturatreffen, wir sehen einander, fallen einander in die Arme, ›ah, comment ça va‹ ... und es wurde nicht ein Wort über das frühere Zusammentreffen geredet, weil wir miteinander großgeworden sind und er mir daher nicht fremd war, und es war mir auch nicht fremd, dass er zu seinen Überzeugungen stand. Wir stammen aus anderen Kulturen und anderen Religionen, aber deswegen sind wir uns trotzdem nicht fremd. Bis heute ist mir nichts fremd, was Menschen aus unterschiedlichen Religionen oder Ethnien betrifft.«

Was ihr fremd sei an menschlichen Eigenschaften, das sei die Dummheit. Und wenn Hass aus blinder Überzeugung entstehe, ohne dass man dem anderen zugehört habe.»Ich habe sehr viel politisch gearbeitet in meiner Studentenzeit und ich habe schon gelernt, dass ich jemanden, der aus einer ganz anderen Ecke kommt, nicht überzeugen will, aber zumindest eine auf beidseitigem Wissen und Respekt basierende Diskussion will ich haben können. Sodass wir sagen können, wo sind deine Ängste, was stört dich an meiner ›Ideologie‹, wo kann ich von dir lernen, wo du von mir? Wenn eine vernünftige Diskussionskultur nicht vorhanden ist, dann ist mir das fremd. Wenn wir das nicht können, dann können wir uns nie auf einer vernünftigen Basis menschlichen Respekts finden.«

Manchmal empfindet Hannah Lessing eine Verhaltensweise von Menschen befremdend. Fremd seien vielleicht manche Speisen. »Wenn ich nach Thailand fahre und ich soll eine Heuschrecke essen, ... aber auch das ist befremdend und nicht fremd«, lacht sie.

Beim Begriff »fremd« falle ihr die Bibelübersetzung von Martin Buber ein: »Liebe deinen Nächsten, liebe den Fremden, denn er ist dir gleich.« Eigentlich gehe es da nicht um den Nachbarn, denn der sei einem ja nicht wirklich fremd. »Ich lege es ein bisschen um auf die Flüchtlingswelle aus Ungarn 1956, wo Österreich ja auch eine sehr große Willkommenskultur hatte, weil es Nachbarn waren, die kamen. Und diese waren uns auch aus der gemeinsamen Geschichte heraus nicht fremd. Der Spruch sollte komplett zitiert werden. Nicht nur: Liebe deinen Nächsten, sondern liebe auch den Fremden. Denn selbst wenn er dir nicht bekannt ist, ist er ein Mensch. Für mich reduziert es sich auf diesen Respekt gegenüber dem Menschen. Einen Menschen machen viele Charakterzüge aus und da sind mir dann manche fremd, etwa wenn jemand nicht bereit ist, auf mich zuzugehen. Man soll den Fremden ehren und schützen, den Nachbarn auch. Das, was dir unbekannt ist, sollst du schützen.«

Die Frage sei ja, was einem unbekannt sei und wie man mit dem Unbekannten umgehe. »Unbekannt« heiße, nicht zu wissen, wie damit umzugehen ist. Aber sei denn »unbekannt« automatisch gleichbedeutend mit »bedrohlich«? Die Antwort auf ihre Frage gibt sie sich selbst. »Höchstwahrscheinlich. Deswegen haben Menschen Angst vor etwas, was fremd ist. Aber ›unbekannt‹ kann auch sein: kennenlernen wollen, Abenteuer, manchmal beängstigend, ja, aber nicht sofort etwas Negatives. Je mehr ich über dieses Wort ›fremd‹ nachdenke, desto mehr bekomme ich den Eindruck, dass es automatisch negativ besetzt ist.«

Nicht nur auf Österreich reduziert, sondern auf Europa bezogen sei ihr nun viel fremd. »Wir sind eine Generation, die aufwuchs mit der Idee, uns stünde jede Tür offen, wir konnten in einen Flieger steigen und in irgendein fremdes, unbekanntes Land fliegen. Wer zwischen 1950 und 1970 geboren wurde, dem stand alles offen. Und jetzt plötzlich werden wir ziemlich auseinanderdividiert.«

In Frankreich, wo Hannah Lessing zwischen 1981 und 1986 gelebt hat, habe dieses Differenzieren schon viel früher angefangen und sei befremdlich gewesen. »Ich bin eine aschkenasische Jüdin, in Österreich gab es fast nur aschkenasische, also aus Osteuropa stammende Juden, und alle, die in Israel lebten, waren Israelis, nicht Juden aus irgendeinem anderen Land, daher kannte ich keinen Unterschied. In dem Vorort von Paris, in dem ich lebte, gab es in einem Hof zwei Synagogen. Ich gehe zu der einen hin und ein Freund geht mit zu dieser aschkenasischen Synagoge und der Sicherheitsbeamte ruft ihm nach, er soll in die andere Synagoge gehen. Christo, dieser Freund, war sicher ein aschkenasischer Jude, war aber dunkelhäutig. Ich war sprachlos über diese Trennung selbst innerhalb von Juden. Christo erklärte mir, hier werde streng getrennt nach Sepharden, den Nachfahren der spanischen Juden, die sich nach ihrer Vertreibung in Bosnien und dem Maghreb angesiedelt hatten, und Aschkenasen. Das war für mich enorm fremd, dass man auch eine Ethnie oder eine Religion auseinanderdividieren kann.«

Fremd sei dann später in Wien für sie auch der Philosemitismus gewesen. »Früher hat mein Papa immer gesagt, du trägst den Davidstern so provokativ. Ich sagte, ich trage ihn nicht provokativ, sondern ich trage ihn, weil er mein Talisman ist, mein Religionsbekenntnis. Aber was mir schon auffiel in den 1980er-Jahren, als ich in Wien zu arbeiten begann, war, dass manche Leute, wenn sie den Davidstern sahen, so eindeutig freundlicher zu mir waren. Dieser Philosemitismus hat mich enorm irritiert. Ich habe den Leuten dann gesagt: Wenn du mich magst, weil du mich als Hannah magst, dann ist es wunderbar. Wenn du mich nicht magst, weil ich ein arroganter Widerling bin, dann will ich, dass du mir das sagst, deswegen werde ich dich nicht Antisemit schimpfen, sondern du magst mich als Mensch nicht. Wie ich menschlich bin, hat nichts mit meiner Religion zu tun, sondern mit mir als Person.«

Ob man einen Davidstern trage oder einer anderen Religion angehöre, mache den Menschen nicht besser und auch nicht schlechter, so wie einen auch die Hautfarbe nicht besser oder schlechter mache, oder eine Ethnie. Der Mensch selbst sei es. »Im Jiddischen sagt man ›a Mensch‹ und für mich muss jemand a Mensch sein, mehr braucht er gar nicht.«

Die Zeichen der Jetztzeit seien da ziemlich beängstigend. »Es fühlt sich wie das Ende einer Ära an. Vielleicht das Ende der Naivität, zu glauben, dass wir alle ganz gut miteinander leben können. Ich bin aber ein ziemlich naiver Mensch, weil ich einfach daran glaube, dass es möglich sein muss, zusammenzuleben.« Früher hätten wir uns leicht getan zu sagen, dass jemand ein Alt- oder Neonazi sei, also in der Gesellschaft außen rechts oder, wenn es um israelischen Antisemitismus ging, außen links. »Das hat uns nicht so betroffen, weil es ja weit außen links oder weit außen rechts war, dort waren wir nicht zu Hause und dort hatten wir eher keine Freunde, keinen Berührungspunkt. Wir haben uns allzu lang zurückgelehnt und gedacht, das bleibt an diesen zwei Rändern der Gesellschaft. In den vergangenen 20 Jahren haben wir immer wieder gehört, ui, das wird wieder salonfähig. Wir haben trotzdem nicht reagiert. Jetzt ist diese Haltung nicht mehr nur salonfähig, sondern in der Mitte der Gesellschaft angekommen. Wie man da zurückrudert, da fehlt mir die Fantasie, wie das gehen könnte.«

Seit 20 Jahren ist Hannah Lessing nun in der Versöhnungsarbeit. Vor 20 Jahren habe in Österreich dank der mutigen Rede des damaligen Kanzlers Vranitzky das Bewusstsein eingesetzt, dass das Land eben nicht das erste Opfer Nazi-Deutschlands war – selbst wenn dies völkerrechtlich nachvollziehbar sei –, »sondern dass sehr wohl sehr, sehr viele Täter aus unserer Mitte kamen, dass es nicht Fremde waren, sondern oft sogar der Nachbar, der die Menschen verraten und ins Gas geschickt hat. Damals hat eine neue Ära des Bewusstseins der Mitverantwortung angefangen.« Der Nationalfonds hat seit 1995 nicht nur die wichtige Aufgabe, an alle Menschen heranzutreten, die den Horror überlebt haben, nicht nur Juden, sondern alle anderen Opfergruppen auch, darunter Roma, Sinti, Homosexuelle, Christen, Zeugen Jehovas, Kärntner Slowenen, Kinder vom Spiegelgrund und natürlich politisch Verfolgte. Er hat auch die nicht minder wichtige Aufgabe, über Projekte die Zivilgesellschaft und besonders Schüler und Studenten zu erreichen. »Als ich mich für diese Tätigkeit beworben habe, habe ich meinen Vater gefragt, was er von mir erwarten würde, 50 Jahre nach Kriegsende, was er von einer Mitarbeiterin der Republik erwarten würde, die auf ihn zugeht. Mein Vater hat mir lange nicht geantwortet. Später habe ich verstanden, dass er nicht wollte, dass ich mit so viel Leid zu tun haben würde. Und irgendwann einmal, als klar war, dass ich diese Arbeit machen möchte, hat er mich angeschaut und nur gesagt: ›Was ich von dir erwarte? Gar nichts. Denn kannst du mir meine Kindheit zurückgeben? Kannst du meine Mutter von Auschwitz zurückholen?‹ Nein, das konnte ich natürlich nicht. Aber umso mehr wusste ich, dass ich im Andenken an all die Menschen, die nicht mehr sprechen können oder denen die Kindheit gestohlen wurde und das Vertrauen in die Menschen, eine Stimme für sie sein möchte. Und dass ich dieses Wissen, das man mir anvertraut – viele haben nach 60 Jahren bei uns zum ersten Mal über ihr Leben gesprochen und über das Sterben ihrer Familienmitglieder –, an die nächsten Generationen weitergeben möchte. Das ist das Versprechen, das ich gegenüber diesen Opfern gegeben habe.«

Hannah Lessing macht Aufklärungsarbeit an Schulen. »Dabei habe ich unglaublich tolle Schüler kennengelernt, die intensiv reflektiert haben über die Nazi-Zeit, die aber anscheinend gar nicht erkennen, was sich nun wiederholt. Und das muss nicht in ganz fernen Ländern sein wie der Völkermord in Ruanda oder in Srebrenica, das vor unserer Haustür war.«

Die Systematik von damals, ein ganzes Volk vernichten zu wollen, mag nicht vergleichbar sein mit heutigen Gewaltexzessen, aber menschliches Leid bleibe menschliches Leid und Menschenrechte könne man nicht einfach aussetzen, nur weil die Lage schwierig wird. »Mein Papa musste mit dem

Schiff fliehen und viele, die mit ihm geflohen sind, mussten durchs Wasser waten, um irgendwie in Palästina an Land zu kommen, weil die Engländer die Grenzen gesperrt hatten, wie so viele andere Länder auch. Die Menschen wussten nicht wohin und sind teilweise auf der Flucht ertrunken. Und wenn sie nicht fliehen konnten, wurden sie ermordet. Bilder, wie es sie auch heute gibt. Daran sieht man, dass wir aus der Geschichte nichts gelernt haben.«

»Ich bin auf beiden Seiten.
Ich bin ›wir‹ und ›die anderen‹«

Silvana Meixner, geboren 1958 in Split im heutigen Kroatien und damaligen Jugoslawien. Sie hat dort Soziologie und Pädagogik studiert, lebt seit 1986 in Wien und ist Leiterin der Minderheitenredaktion im ORF sowie Moderatorin der Sendung »Heimat Fremde Heimat«. Sie spricht acht Sprachen, darunter vier ex-jugoslawische. Im Dezember 1993 wurde sie durch eine Briefbombe schwer verletzt.

Sie sei wegen der Liebe nach Wien gekommen, weil ihr damaliger Mann in Wien als musikalischer Direktor im Kabarett Simpl gearbeitet hat. »Gerade in Wien habe ich den schönsten Moment meines Lebens erlebt, nämlich die Geburt meines Sohnes, hier habe ich einen Job gefunden, der mich vollkommen erfüllt«, erzählt die große, attraktive Frau mit der tiefen, warmen Stimme. »Damals konnte ich nur ein paar deutsche Kinderlieder und einige deutsche Wörter, die größtenteils aus Kriegsfilmen stammten, die in meiner Kindheit im jugoslawischen Fernsehen in Originalsprache mit Untertiteln gelaufen waren. Weil ich nie gedacht hatte, im deutschsprachigen Raum zu leben, musste ich Deutsch erst hier in Wien lernen. Es war für mich nicht so schwierig, mich in Wien zurechtzufinden – abgesehen von den unendlichen bürokratischen Wegen –, denn ich hatte einen bunt gemischten Freundeskreis, von Neuseeland bis Kanada.«

Das Einzige, was Silvana Meixner fremd war und bis heute ist, ist Hass, weil es ist ein sehr intensives, negatives Gefühl und die stärkste Form der Verachtung und Abneigung sei. Und genau von dieser unmenschlichen Eigenschaft ist sie bis heute betroffen. Denn bis heute hat sie sehr viele Splitter einer Briefbombe im Körper, die sich eingekapselt und zahlreiche Knoten gebildet haben. Auch an der linken Hand wurde sie schwer verletzt. Die Briefbombe hatte ihr der »völkisch« motivierte Terrorist und Bombenbauer Franz Fuchs geschickt – wobei Silvana Meixner nie an die Einzeltätertheorie geglaubt hat, sondern an eine Gruppe, die diese Verbrechen begangen habe.

Das Ausländerthema, meint sie, »hat in Österreich immer vor sich hin geköchelt. Ich habe das als einen politischen Paravent empfunden, um sich dahinter zu verstecken, weil es klar war, dass manche Parteien davon stets profitierten, wenn sie Ressentiments schüren. Vor 30, 40 Jahren waren die sogenannten ›Gast-Arbeiter‹ kaum ein politisches Thema, weil sie nur wenige Prozent der österreichischen Bevölkerung ausmachten. Das, was mich zuerst sehr betroffen gemacht hat, ist, mit wie vielen und starken Vorurteilen Menschen behaftet sind. Das ist auch einer der Gründe, warum ich mich beim Aufbau der Minderheitenredaktion so stark gemacht habe, um eine Sendung zu schaffen, die sich zum Ziel gesetzt hat, Vorurteile abzubauen. Und das tue ich bis heute noch. Es überrascht mich, dass heutzutage selbst wirklich belesene Leute voller pauschaler Vorurteile sind und sehr gern generalisieren.«

Als Silvana Meixner nach Österreich kam, habe sie schon Dinge erlebt, die sie verletzt hätten. »Man hat mir immer wieder gesagt, ich schaue nicht wie eine Ausländerin aus. Dann habe ich mich gefragt, wie soll eine Ausländerin aussehen?«, sagt sie und lächelt. »Muss ich einen Punkt auf der Stirn, eine Warze auf meiner Nase haben? Wie schauen die Ausländer aus? Man ist doch fast immer und überall ein Ausländer. Ich bin in Split geboren, wenn ich nach Trogir, in das kleine, 20 Kilometer entfernte Städtchen komme, bin ich auch eine Ausländerin, weil ich den dortigen Dialekt nicht spreche und wegen meines Spliter Akzents gleich als Ausländerin abgestempelt werde. Denn jede Region hat ihre eigene Tradition und auch ihren eigenen Dialekt. Ich muss dort auch erst Leute kennenlernen, mich in die kulturellen Teile der Tradition einleben, wenn ich mich integrieren will. Aber Integration ist für mich ohnehin ein sehr profaner Ausdruck, integrieren muss man sich jeden Tag und nicht nur als Ausländer. Integrieren musste ich mich auch im Haus meiner Schwiegermutter. Integration ist, wenn ich als Gast irgendwo eingeladen bin, dann muss ich die Regeln des Hauses respektieren. Ich muss mich integrieren in den Freundeskreis meines Sohnes, weil da zwei Generationen aufeinandertreffen. Das Leben ist eine ständige Integration. Die Frage, wer ist Einheimischer und wer ist Ausländer, stelle ich gerne immer wieder. Gerade die alteingesessenen Menschen, die voll von Vorurteilen sind, haben Vorfahren aus Tschechien, Ungarn, der Slowakei, Slowenien, Kroatien. Wir können nicht leugnen, dass wir eine vielfältige Gesellschaft sind, aber das ist nicht nur eine Vermischung von Völkern, das ist auch eine Vermischung von vielen Gruppen, wie z. B. Fußballfanatiker, Jäger, Yachtinhaber, Pilger, Tierliebhaber, Esoteriker, Immobilienmakler und so weiter. Man soll Vielfalt und den kulturellen Austausch fördern und sie als positives gesellschaftliches Merkmal darstellen. Wenn wir schon von Vielfalt reden, sollten wir von Diversität reden. Denn schon längst ist überall die Rede von Diversität, nur bei uns kann man sich schwer von den Begriffen Integration und Migration verabschieden. Diversität beinhaltet ja viel mehr: die Vielfalt von Ideen, Lebensstilen, und das ist eigentlich Demokratie. Vielfalt bedeutet nämlich eine Bereicherung im wahrsten Sinne des Wortes, für alle gesellschaftlichen Bereiche. Ein Beispiel dafür ist die Wirtschaft. Über 40 Prozent der Unternehmer in Wien haben einen migrantischen Background und sorgen mit rund 50.000 Arbeitsplätzen für mehr wirtschaftlichen Aufschwung.«

Ein bisschen kämpft Silvana Meixner auch gegen sprachliche Entwicklungen mit politischem Hintergrund an. »Wenn man mir sagt, du bist Österreicherin mit kroatischem Hintergrund, sage ich: Nein. Ich bin Österreicherin mit kroatischem Vordergrund«, lacht sie. »Ich spiele mit der Sprache, denn im Prinzip ist viel von diesen unüberlegten, pauschalen Verurteilungen ja sehr verletzend, weil sehr viele Leute mit Vorurteilen aufgewachsen sind. Manchen wurden die schon in die Wiege gelegt.« Da stelle sich die Frage, wie sich diese Menschen entwickeln, ob diese Vorurteile verstärkt werden oder ob die Menschen versuchen würden, diese Vorurteile zu bekämpfen. »Wir sind alle Menschen, jeder hat irgendein Vorurteil, ich auch. Ich bin kein perfekter Mensch, ich mache auch Fehler. Aber ich denke mir, ich bin in dieses Land gekommen, das war meine Wahl. Wer soll infrage stellen, ob ich hierher gehöre oder nicht? Für einen Kriminellen, der andere nicht leben lässt, kann ich sagen, er ist fremd, unabhängig von Nation, Religion oder Geschlecht. Aber glücklicherweise kümmert sich bei uns darum der Rechtsstaat.« Eigentlich habe sie sich nie wirklich fremd gefühlt in Österreich. »Ich habe mich fremd gefühlt, wenn ich mit Menschen zusammengekommen bin, die eine andere politische Meinung als ich haben oder eine menschenverachtende Lebensanschauung. Aber das wäre in Split oder in Paris nicht anders gewesen. Das hat nichts mit dem Wohnort zu tun.«

Für sie sei es eine Berufung gewesen, das zu machen, was sie jetzt schon seit Jahren in ihrer Arbeit macht, und sie glaubt auch, einiges erreicht zu haben. »Ich denke, dass diese Redaktion und diese Sendung sehr viele Menschen, auch manche xenophoben, in eine andere Lebensrichtung bewegt haben.«

Dass das Fremde meist als bedrohlich wahrgenommen wird, sei ihr irgendwie verständlich. »Denn man bringt schon Kleinkindern bei: ›Du darfst mit Fremden nicht reden, du darfst von ihnen nichts annehmen und darfst mit ihnen nicht spielen.‹ Wenn man das schon einem kleinen Kind beibringt, muss es natürlich Ängste bekommen. ›Fremd‹ ist für mich ein absolut negativ konnotiertes Wort. Unbekannt wäre das richtige Wort. Mit Unbekanntem muss man sich Zeit lassen, es erst kennenlernen und von mir aus auch ein bisschen vorsichtig sein. Ich selber hatte das Glück, dass meine Familie nicht nationale und religiöse Unterschiede machte, sondern nur diesen einen: Es gibt gute und schlechte Menschen.«

Mit den Vorurteilen, die die Leute in die Wiege gelegt bekämen, würden sie dann andere Menschen beurteilen, was eine Absurdität sei. Und immer heiße es dann, wir sind größer und besser als die anderen – und das mache jedes Volk für sich so. Man dürfe aber nun einmal nicht generalisieren. Die Österreicher seien nicht schlechter oder besser als die anderen, die von sich selber denken, es gebe nichts Besseres und Größeres als sie. »Auch jede Mutter denkt: Mein Kind ist das klügste und schönste. Das ist normal. Meine Mutter ist die beste auf der Erde. Aber das denkst auch du von deiner Mutter. Wie sollen wir da zurechtkommen? Indem ich akzeptiere, dass für dich deine Mutter die schönste und beste ist und für mich meine. Nur diese Akzeptanz ist wichtig, weil damit menschlicher Respekt gegenüber anderen gezeigt wird.

Ich habe nie versucht, Leute zu belehren oder einen Anwalt zu spielen. Es genügt, andere Denkweisen, Arten, Traditionen einfach zu akzeptieren, nicht zu tolerieren. Für mich bedeutet Toleranz dulden. Ich kann auch sehr viel tolerieren, aber darum geht es nicht. Ich glaube, niemand von uns will geduldet werden, sondern akzeptiert oder respektiert. Die Leute müssen nicht in Liebe miteinander leben, sie können auch nebeneinander leben, aber in Respekt. So wäre unsere Welt wesentlich schöner.«

Bis heute hört man in Silvana Meixners deutscher Sprache einen Akzent. »Ich hatte eine großartige Sprechtrainerin, die wollte mir akzentfreies Deutsch beibringen. Ich meinte, ich bin das, was ich bin. Wichtig ist, dass ich mich gut artikulieren kann und dass man mich versteht. Auf meine Frage, ob es irgendeinen Buchstaben gebe, den ich richtig ausspreche, antwortete die Trainerin lapidar mit Nein. Meine Schlussfolgerung war: Dann werde ich nie so Deutsch lernen, dass man mich versteht. Sie sagte, ›oh doch, Potenzial hast du!‹«, amüsiert sie sich.

Ein akzentfreies Deutsch ist für Silvana Meixner nicht wesentlich, schließlich gehe es um eine gute Kommunikation und gegenseitiges Verständnis. »Ich bin ich. Man soll mich so akzeptieren, wie ich bin, genauso wie ich andere akzeptiere. Wenn ein Wiener mit Tirolern oder Vorarlbergern spricht, geht es ja auch um unterschiedliche Akzente. Früher wussten die Leute nicht, von wo ich komme. Sie haben nie erraten, dass ich aus Kroatien komme. Wegen meiner Aussprache habe ich nur positive Erfahrungen gemacht. Da war sofort ein Austausch mit den Menschen da, die von ihren Erlebnissen, ihren Urlauben in Kroatien berichtet haben. Aber es gibt sicher auch Leute, die mit meinem Akzent ein Problem haben, sogar unter meinen Kollegen.«

Die Bedeutung von Sprachen ist für Silvana Meixner wichtig, denn nur dadurch lerne man andere Kulturen wirklich kennen. »Ich habe mit meinen Sprachen und Kulturen doch eine wesentlich erweiterte Möglichkeit, Menschen kennenzulernen, das bedeutet eine Erweiterung des Ich. Es bedeutet mir unheimlich viel, Menschen aus anderen Kulturen kennenzulernen. Für mich sind die Leute aus Ex-Jugoslawien keine Fremden, für mich sind sie im Prinzip Einheimische, denn ich kenne die Traditionen, die Kultur, die Sprachen, ich kann auf Kyrillisch lesen und schreiben. Für mich ist es selbstverständlich, auch mit Slowenen zu kommunizieren, obwohl mein Slowenisch nicht so perfekt ist, aber reden können wir über Gott und die Welt. Das hat mit meiner Generation zu tun, man hat im früheren Jugoslawien in der Schule verpflichtend auch Serbisch, Slowenisch und Mazedonisch gelernt, was mir sehr viel gebracht hat. Leider steht das heutzutage nicht mehr in den Lehrplänen.«

In ihrer Redaktion im ORF gebe es Menschen aus vielen Nationen, die nach gewissen politischen Vorurteilen nicht zusammenpassen würden, wie etwa Kurden und Türken, Slowaken und Tschechen, Slowenen, Kroaten und Serben. »In all den Jahren hatten wir kein einziges Mal ein Problem zwischen verschiedenen Ethnien. Im Gegenteil, man lernt sehr viel voneinander, auch viel Lustiges, deswegen haben wir auch ein Fingerspitzengefühl für das, was Menschen verschiedener Kulturen betrifft.«

Wenn es ein gemeinsames Ziel gebe, wie in der Minderheitenredaktion, wo man gemeinsam eine gute Sendung machen wolle, sei es irrelevant, wer woher kommt. In einer Nation sei das leider anders. »Für mich sind alle ›wir‹ und auch alle ›die anderen‹. Ich bin tatsächlich auf beiden Seiten. Ich bin ›wir‹ und ›die anderen‹.«

Sie sei in Wien und ebenso in Split zu Hause. »Wenn ich in Split bin, sage ich, ich fliege morgen nach Hause und meine Wien. In Wien sage, ich fliege morgen nach Hause und meine Split. Für mich gibt es diese Differenz nicht. In Wien sind mein geliebter Sohn und meine geliebte Enkelin und natürlich meine Freunde, die meine Familie geworden sind, aber ich habe auch meine Freunde in Split. Das sind die Menschen, mit denen ich aufgewachsen bin, die haben mich mein ganzes Leben begleitet. Heute sind alle diese wichtigen Menschen in meinem Leben auch miteinander befreundet und wir sind wie eine große Familie. Es ist schön, mehrere Heimaten zu haben. Ich habe Hunderte von Heimaten, denn das ist nicht nur mein Geburtsort oder der Ort, wo ich lebe. Meine Heimat ist mein Sohn, meine Enkelin, meine Mutter, meine Freunde, meine Liebe, meine Bücher. Heimat hat für mich keine geografischen Grenzen. Die Grenzen bestehen nur in den Köpfen der Menschen. In dem Moment, wenn ich das Rauschen der Meereswellen höre, dann ist das Heimat. Oder wenn ich das Geräusch der Tiramola in Split höre – das der Wäscheleine, die man zwischen zwei Häuser spannt –, dann ist das auch Heimat. Und wenn in Wien der Duft des Flieders meine Nase betört, dann ist das auch Heimat. Gefühle, Gerüche, Geräusche und Farben sind meine Heimat und dort bin ich zu Hause, weil ich mich dort geborgen fühle und das Gefühl habe, endlich angekommen zu sein.«

»Es gibt auch das Fremde
im eigenen Land«

MM, geboren Mitte der 1970er-Jahre in der Steiermark, möchte anonym bleiben. Die berufstätige Akademikerin zog der Liebe wegen vor mehr als zehn Jahren nach Vorarlberg.

»Fremd ist für mich alles, was ich noch nicht erlebt habe, was ich noch kennenlernen muss. Was jemandem fremd ist, hängt, glaube ich, sehr damit zusammen, wie man aufgewachsen ist. Es hängt viel mit der eigenen Sozialisation, mit der eigenen Kindheit zusammen, was einem fremd ist und was nicht. Das, was man nicht so von zu Hause mitbekommen hat, ist vielleicht schnell fremd für jemanden«, meint MM.

Das Fremde im eigenen Land hat sie durch ihre Übersiedlung von der Steiermark nach Vorarlberg erlebt. »Der erste große Unterschied war die Sprache, die sprachliche Barriere. Die ersten ein, zwei Jahre habe ich wirklich sehr wenig verstanden. Manchmal musste ich erahnen, was gemeint ist. Manche Ausdrücke habe ich einfach nicht gekannt. Man lernt dazu. Es gibt auch heute noch Begriffe, die ich noch nicht kenne, aber es wird besser. Es hat aber einige Jahre gebraucht, bis ich mich auch sprachlich zu akklimatisieren und zurechtzufinden begann.« Noch dazu gebe es in Vorarlberg sehr viele unterschiedliche Dialekte. Von Ort zu Ort, von Tal zu Tal. »Das ist in tollen Büchern abgehandelt, die Unterschiede sind spannend. Im Bregenzerwald gibt es einen ganz speziellen Dialekt, oder im Oberland. Faszinierend, dass sich die Dialekte so unterscheiden, auf so kleinem Raum.«

Am Anfang sei ein bisschen irritierend gewesen, dass jeder mit jedem per Du ist.»Das finde ich generell ja toll. Aber auf der anderen Seite ist man hier auch recht vorsichtig und distanziert im Umgang miteinander. Für mich war das Miteinander in Vorarlberg sehr widersprüchlich: Einerseits total auf Du und Du und bester Freund, obwohl man sich noch nicht kennt und fremd ist, oder. Und auf der anderen Seite braucht es sehr lange, um sich vertraut zu machen. Aber wenn man einmal vertraut ist und einander besser kennt, dann ist das schon etwas, was Hand und Fuß hat und etwas wert ist.«

MM glaubt, dort zu leben, wo man zur Schule gegangen ist, in den Kindergarten, sei ganz anders, als wenn man seine Wurzeln nicht dort habe, wo man lebt.»Ich bin generell ein sehr offener Mensch. Ich glaube eher, dass es für die anderen schwierig war, mit einer solchen Offenheit umzugehen«, sagt sie lachend.»Ich habe, glaube ich, sehr viel dazulernen müssen bei der Frage der Offenheit. Dass man eben hier zuerst mehr auf Distanz geht, bevor man offen ist. In der Steiermark war ich von klein auf gewohnt, dass man sagt, was man sich denkt. Man setzt sich zusammen. Im Wirtshaus, da können sich die anderen dazuhocken. In der Skihütte, im Gasthaus, im Café setzt man sich in der Steiermark einfach zusammen. Das ist vielleicht lockerer und entspannter so, auch wenn man einander nicht kennt.«

Vielleicht hänge der distanziertere Umgang geschichtlich betrachtet mit den Alemannen zusammen, meint die umtriebige Frau schmunzelnd.»Ich glaube schon, dass es auch kulturell bedingt ist. Die Vorarlberger sind ein fleißiges Volk, was ich generell sehr schätze, dass man wirklich so bei der Sache ist. In der Steiermark ist man eher gemütlich, man schaut halt einmal, sagt, es wird schon irgendwie gehen. Die

Mentalität ist gemütlicher in der Steiermark. Hier tut man immer etwas, sagt auch: Man ist dran. Man tut. Aber das ist eine Qualität, die ich sehr schätze.«

Auch der Humor sei anders. »Am Anfang habe ich mir gedacht, Schmäh gibt's da nicht. Wir haben einmal einen Film angeschaut, den, so dachte ich mir, jeder kennt. ›Indien‹ (auf einem Theaterstück von Josef Hader und Alfred Dorfer basierend und von den beiden auch im Film gespielt), hier kennt man den nicht so. Der Ost-Schmäh, der kommt hier nicht so gut an wie in Wien, Graz oder Linz. Bei dem Film ist hier nicht gelacht worden. Es ist ein anderer Humor. Die Vorarlberger haben eine eigene Art von Humor, sagen wir es so«, sagt sie lachend.

Die Bedeutung des Vierländerecks sei auch sehr groß. »Wir haben hier Liechtenstein, die Schweiz, Süddeutschland und Österreich. Das ist eine gute Mischung, das ergänzt sich auch sehr gut. Das muss man weltweit suchen! Vier verschiedene Länder auf so engem Raum!«

MM, die längst, ohne es selber zu merken, recht häufig das für Vorarlberg typische, stimmlich wie am Ende einer Frage hochgezogene »oder« verwendet, findet die Lebensqualität in Vorarlberg ausgezeichnet, von der sehr abwechslungsreichen Landschaft her und auch, weil die Bodenseeregion ein wirtschaftlich prosperierendes Gebiet ist. »Und die Luft ist so gut. Ich bin wirklich dankbar dafür, dass wir hier in einem Flecken leben können, der noch so unbeschadet ist. Und der See, die Berge, alles erreichbar in weniger als einer Stunde.«

Die Schweizer würden stark trennen zwischen sich selbst und den Österreichern. Vorarlberg werde auch »der Kanton Übrig« genannt, das Übrige. »Vorarlberg war einmal bestrebt, sich der Schweiz anzuschließen, 1919, nach dem verlorenen Ersten Weltkrieg, da war das Bundesland noch arm, wenig industrialisiert. Die Schweizer wollten es nicht, und jetzt sagen sie im Spaß ›der Kanton Übrig‹. Da sind schon Grenzen im Kopf. Für mich ist schwer zu beurteilen, ob das für die Vorarlberger auch so ist. Ich nehme sehr bewusst wahr, wenn ich über die Schweizer Grenze rüberfahre, einfach, weil ich anders aufgewachsen bin. Für mich war es nicht selbstverständlich, dass in wenigen Kilometern Luftlinie das nächste Land beginnt. Aber ich glaube, wenn man damit aufwächst, geht man natürlicher damit um.«

Inzwischen sei sie in Vorarlberg zu Hause. »Jetzt bin ich über zehn Jahre hier. Die ersten Jahre war das nicht immer so, das war ein Prozess. Aber inzwischen kann ich sagen, ich bin gut angekommen. Inzwischen fühle ich mich sehr wohl hier, sonst wäre ich nicht mehr da. Ich weiß zu schätzen, was Vorarlberg und die Menschen hier zu bieten haben.«

Ob Wien als der ferne Wasserkopf betrachtet werde, könne man so allgemein nicht sagen. »Ich kenne Vorarlberger, die viel international unterwegs waren und wieder zurückgekommen sind, die sehen das nicht ganz so krass. Aber ich kenne natürlich auch welche, die sagen, ›na ja, die Wiener‹, oder. Wien macht sein Ding, das wird schon von einigen so wahrgenommen, dass Wien Wien ist und über ganz Österreich bestimmt. Aber das wird, glaube ich, auch anderswo so wahrgenommen. Ich könnte mir gut vorstellen, dass die Wiener sagen, ›na ja, die Vorarlberger‹. Da ist kein großer Konnex vorhanden, nicht so viel Kontakt vorhanden zwischen Wien und Vorarlberg. Es ist einfach das eine Ende von Österreich und das andere, es trennen uns nur 600 bis 700 Kilometer, aber es gibt einen ziemlichen Unterschied.«

Fremd in ihrer steirischen Heimatstadt fühlt sich MM bis heute nicht. »Ich war dort einfach über 20 Jahre meines Lebens, das ist schon etwas! Auch die Menschen, die ich dort kenne, denen bin ich nicht fremd. Natürlich sagen sie, du sagst schon sehr oft ›oder‹ und verwendest auch bestimmte Ausdrücke. Das passiert mir schon, dass Freunde in meiner alten Heimat sagen, du redest voll Vorarlbergerisch, und mir fällt das gar nicht auf. Für einen Vorarlberger spreche ich nicht Vorarlbergerisch.«

Vom Empfinden her sei sie eine Steirerin, die in Vorarlberg lebt, dort Fuß gefasst hat und dort zu Hause ist. »Aber von meinem Herzen her bin ich eine Steirerin. Ich glaube, man legt nie ab, wo man geboren und aufgewachsen ist. Ich habe einmal mit einem Freund lang diskutiert, was Heimat ist. Und wir kamen zu dem Schluss, Heimat ist dort, wo du dich mit dir selber wohl fühlst. Das ist nicht an einen Ort gebunden. Aber es hängt natürlich mit der Sozialisation zusammen, welche Faktoren man braucht, um sich wohl zu fühlen. Speisen, Gerüche, Familienstruktur, Rahmenbedingungen. Ich glaube, man hat auch Lebensphasen, in denen man sich verbunden fühlt, wo man sich gut fallen lassen und heimatlich fühlen kann. Das Heimatgefühl ist ein Prozess.«

»Fremdheit hat nur
mit der Einstellung zu tun.
Und mit Angst«

Hadi Mohammadi, 1993 in Afghanistan geboren, gehört der verfolgten Minderheit der Hazara an und wurde mit 13 von seiner Mutter auf die Flucht geschickt. Fünf Monate war der Bub unterwegs, in Villach ist er geschwächt gestrandet, sodass er seine Reise in sein Wunschzielland England nicht fortsetzen konnte. Er hat in Österreich subsidiären Schutz und macht eine Ausbildung zum Bibliothekar.

Hadi Mohammadi war und ist mehr in der Öffentlichkeit als die meisten hier geborenen Gleichaltrigen. Im Volkstheater in Wien spielte er gemeinsam mit 30 anderen aus 21 Nationen seine Geschichte der Flucht und des Ankommens. Er war einer der Mitwirkenden bei »Wiener Porträts«, war mehrmals Interviewter im Fernsehen und hat in mehr als 150 Schulen seine Geschichte erzählt. Über das Erlebte zu reden begonnen hat er nicht, weil es ihm ein Bedürfnis gewesen wäre, sondern weil es nicht viele Flüchtlinge gibt, die über ihr Leben sprechen wollen. »Das war aber notwendig, denn sowohl Journalisten als auch Patenfamilien, die ins Integrationshaus kamen, wo ich nach dem Aufenthalt im Flüchtlingslager Traiskirchen lebte, wollten über die Probleme reden, die wir haben, wollten helfen. Es musste jemanden geben, der ihnen erzählt, ohne Angst oder Scham zu haben, dass einem viel Schreckliches passiert ist. Das habe ich getan.«

So wurde der heitere junge Mann mit dem wachen Blick und dem so guten Deutsch für die Einheimischen eine Art Übersetzer der Gefühle, der Gedanken, der Hoffnungen von Flüchtlingen. »In den Schulen habe ich erklärt, dass es nicht selbstverständlich ist, mit Mama und Papa zu leben, Frieden zu haben, gute Lehrerinnen und Lehrer zu haben, dass es nicht selbstverständlich ist, von zu Hause mit dem Bus, der U-Bahn zur Schule und zurück zu fahren, ohne Gefahr, ohne Angst, dass man den Schulweg nicht überlebt.«

Diese Erklärungen, diese Übersetzung der Zustände in seinem Ursprungsland auf hiesige Gegebenheiten seien auch für ihn selber gut gewesen, sagt er, »denn was für meine Mitmenschen gut ist, ist auch gut für mich. Natürlich war es auch ein riesiger Druck, das merke ich erst jetzt langsam. Jetzt kümmere ich mich auch um mich, will meine Ausbildung beenden.« Die hatte er aufgeben müssen, als sein Bruder in Pakistan durch einen Selbstmordattentäter ermordet wurde, gemeinsam mit 28 anderen Unbeteiligten. Deshalb fuhr er zu seinen Eltern nach Pakistan und wollte die Rolle des toten Bruders einnehmen, nämlich für die Eltern zu sorgen. Zwei Monate blieb er, doch seine Mutter schickte ihn neuerlich weg, damit er in Sicherheit leben kann.

Hadi Mohammadis Auftritte im Fernsehen, die er enorm eloquent und sympathisch absolviert, die hätten sich einfach so ergeben. Eigentlich möge er Öffentlichkeit nicht. Aber dann habe er sich gedacht, »wenn ich das in der Schule mache, kann ich das auch im Fernsehen machen. In der Schule hören mich vielleicht 120 Menschen, im Fernsehen viele Tausend und ich kann zu vermitteln versuchen, warum Menschen flüchten.« Nur ein paar Mal habe es Personen in den Schulen gegeben, die es nicht verstanden, das seien für ihn nicht immer einfache Situationen gewesen. »Ich habe von

Krieg, von Flucht erzählt, das war meine Lebensgeschichte. Aber durch die Kinder habe ich mich selbst gefunden, die Kinder waren alle positiv.«

Denn zwischen ihnen und Hadi Mohammadi baute sich kein »wir« versus »er« auf. Unzählige Briefe hat er von Schülerinnen und Schülern erhalten, teils mit Dankesworten, dass der junge Mann sie an seiner Geschichte teilhaben ließ, teils enorm berührende Zeilen, wie froh die Kinder seien, dass der Afghane »bei uns« in Österreich lebe.

Zwischen ihm und den Kindern gibt es keine Fremdheit. »Fremd ist etwas für mich, was mich in Richtung Angst bringt, etwas Unbekanntes. Das, was ich nicht weiß, ist mir unbekannt, ist mir fremd. Das, was ich weiß, ist mir nicht unbekannt, nicht fremd. Manchmal denke ich, ich bin mir selbst fremd, nämlich wenn ich gegen meine Einstellung handle, dann komme ich mir selber fremd vor. Bei Fremdheit geht es um die eigene Einstellung. Ich habe meine Einstellung in den letzten neun Jahren, seit ich hier lebe und Österreich meine zweite Heimat geworden ist, geändert zu den Dingen, wie ich sie vorher getan und den Thesen, an die ich vorher geglaubt habe. Deswegen ist mir hier auch nichts mehr fremd. Fremdheit hat nur mit der Einstellung zu tun. Und mit Angst.«

Als er nach Österreich kam, sei ihm alles fremd gewesen. Die Sprache, die Haltung der Menschen, das System, die Regeln. »Wenn ich am Esstisch saß und die Menschen mit der linken Hand aßen, war mir das fremd. (Im Islam gilt die linke als die unreine Hand.) Aber jetzt nicht mehr. Indem ich die Gewohnheiten angenommen habe und bewusst praktiziere, kommt mir nicht viel fremd vor.«

Fremd seien ihm, der mit Menschen aus allen möglichen Kulturkreisen, ganz besonders aber auch mit Österreicherinnen und Österreichern befreundet ist, mitunter Afghanen, die neu in Österreich ankommen. »Früher war das nicht erkennbar für mich, jetzt sehe und spüre ich, dass sie mir fremd sind, obwohl wir im gleichen Land geboren und aufgewachsen sind. Was sie mir fremd macht, ist, dass sie sieben, acht Länder durchquert haben bis nach Mitteleuropa, da hat man dann schon einiges gesehen von der Welt. Und da kann man sich schon vorstellen, wie andere leben, wie andere Kulturen funktionieren, wie andere Länder funktionieren, was die Regeln hier sind.« Aber viele würden sich darauf nicht einstellen und sich die Regeln nicht zu eigen machen. Dadurch machten sie sich selbst zu Fremden.

Menschen, die die Dinge genauso machen, wie sie sie in Afghanistan gemacht haben, die so leben wie ihre Eltern, die versteht Hadi Mohammadi nicht. »Wenn ich in einem anderen Land bin, dann schaue ich mir an, wie die Leute leben, wie sie vorgehen, wie die Regeln sind. Fremd zu bleiben bedeutet, man ist nicht angekommen.«

Jeder Afghane habe hier die Möglichkeit, die westliche Kultur kennenzulernen. Dazu müsse man nur fünf Minuten auf der Straße herumspazieren, nicht zehn Jahre lang die Nerven ruinieren, wie man hier leben soll, was man hier tragen soll. Es gebe Afghanen, die die Religion nur als Fassade benutzen, die seien für sich selbst Fremde. Die wüssten ja, dass in Afghanistan schreckliche Dinge passieren, wie kleine Kinder als Tanzfiguren oder sexuell zu missbrauchen. Hier passiere das nicht, jedenfalls nicht in dem Ausmaß. Hier führe nicht gleich alles so schnell zu Gewalt. Hier seien Schwule normal, denn die Menschen seien eben verschieden. »Ich kann niemanden verurteilen. Ich habe nichts gegen meine Mitmenschen, egal, was sie tragen, wie sie leben, wie sie gehen, essen.«

Das für ihn anfänglich Unbekannteste sei gewesen, »dass hier Menschen frei entscheiden können. Ich bin in Afghanistan geboren und in einer sehr religiösen Familie aufgewachsen. Dort geht es viel um Glauben, um Hoffnung. Hier geht es darum, eigenständig zu sein, selbst Entscheidungen zu treffen. Man lebt in einem Rechtsstaat, man kann durch Kunst und Meinungsfreiheit alles äußern. Ich will nicht alles schlecht darstellen, weder Afghanistan noch meine sehr liebevolle Familie, aber so leben die seit Generationen. Mir ist diese Art zu leben mittlerweile richtig fremd.«

Sogar das so häufig von Muslimen benutzte Wort Inshallah, »wenn Gott will«, irritiert Hadi Mohammadi nun. »Eine in der hiesigen Kultur angekommene Person wird sagen, ich werde um Punkt acht Uhr kommen. Ich muss dafür früh aufstehen, Zähne putzen, pünktlich sein. Ich kenne Menschen, die Inshallah sagen, eine oder zwei Stunden zu spät kommen, weil Gott sich nicht gekümmert hat. Ich glaube, man muss sich einfach selber kümmern. Im Persischen steckt im Wort Gott das Wort ich. Im Französischen steckt in Jesus ›je‹, also ich. Man muss nicht alle Dinge an Gott und den Glauben delegieren, sondern kann sagen, ich bin hier, und ich habe die Herausforderung herauszufinden, warum ich hier bin und was ich zu tun habe. Wenn man das verstanden hat, kann man besser leben, ohne Schrecken und ohne dass etwas fremd wirkt.«

Manchmal sei ihm, dem jungen Mann, der gern mit Freunden ausgeht und das Leben genießt und der gern reist, fremd, wenn er etwas gegen seine Einstellung tue. »Dagegen muss ich ankämpfen, gegen das Fremde in mir. Ich lebe, wie ich denke und wie ich mein Leben komponiere. Aber es gibt eben Momente, in denen man schlecht gehandelt hat.«

Fremd sei ihm, der seine Eltern in Pakistan das erste Mal

erst sieben Jahre nach seiner Flucht besuchen konnte, die neue Heimat von Mutter und Vater geworden. Es habe sich auch dort innerhalb von neun Jahren sehr viel geändert. Die Menschen seien früher freundlich gewesen, hätten einander gegrüßt, hätten an die Nachbarn gedacht, es sei früher nie ums Geld gegangen. »Jetzt geht es nur ums Geld, um die Fassade. Es gibt das Orientalische und das Westliche. Ich sehe jetzt hier Orientalisches und dort Westliches. Mit orientalisch meine ich entspannt, langsamer, ruhiger. Das Westliche ist so zackzack.«

Früher habe er im Religionsunterricht von Gläubigen und Ungläubigen gehört. »Fremde und Bekannte, das ist das gleiche. Jetzt denke ich, wer Gläubiger, wer Ungläubiger ist, das kann ich nicht erfassen, weil jemand, der in seinem Leben wirklich angekommen ist, ist für mich der Bekannte. Jemand, der nicht angekommen ist trotz all der Literatur und der Technologie, aus denen man alle Informationen herausholen kann, der ist das Fremde. Das, was ich kenne und das, was ich versucht habe zu erkennen, das ist mir nicht fremd. Das, was ich nicht versucht habe kennenzulernen oder zu erkennen, das ist mir fremd. Genau dieses Fremde muss man zerreißen, hineingehen in das Fremde, es kennenlernen, das ist die Herausforderung im Leben.«

Im Großen und Ganzen seien für ihn die Menschen überall gleich, ob Asiate, Afrikaner, Amerikaner, Europäer. »Als Gutmensch habe ich keine schlechte Einstellung, die mich in die Fremdheit führt. Wenn ich tolerieren und akzeptieren kann, werde ich nie Schwierigkeiten bekommen. Ich liebe einfach Menschen. Mit solchen, die mir sagen, ›schleich dich nach Hause‹, habe ich nicht viel zu tun. Da sind meine Grenzen. Hass lasse ich nicht in mich hinein. Menschen in Europa haben ein so gutes Leben. Es ist nicht selbstverständlich, ohne Krieg zu leben, den Kühlschrank voll zu haben, ein Bett zu haben und ein Dach über dem Kopf, das haben vielleicht zehn Prozent der Menschheit. Unter diesen Bedingungen kann ich ausgezeichnet leben, habe eine Wissensgesellschaft, habe Freiheit und ich will versuchen, mich nicht in die Fremdheit zu begeben. Ich beschäftige mich lieber mit Frieden und Zuneigung anstatt mit Hetze, mit der dunklen Seite. Das Leben ist sehr kurz, da will ich mir nicht selbst fremd sein.«

»Ich kann die Abstraktion
nicht verstehen,
dass da die anderen sind
und mia san mia«

*Klaus Oppitz, geboren 1971 in Wels in Oberösterreich, ist
Autor der zwei satirischen Romane »Auswandertag« und
»Landuntergang« und gemeinsam mit Rudi Roubinek Autor
von »Wir sind Kaiser«. Das Autorenteam »Die Tafelrunde«,
dem er angehört, erhielt 2016 für die Programmidee »Bist
du deppert« eine Romy. Der Katzenliebhaber, der mit seiner
Partnerin am Rande von Wien lebt, war immer wieder aktiv
in der Flüchtlingshilfe.*

»Das Gegenteil von ›fremd‹, so wird es oft gesehen, ist der
Heimatbegriff. Den finde ich schräg. Der wurde mir in frühester Kindheit schon abtrainiert, denn Heimat habe ich als
erstes mit den Heimatfilmen verbunden, die mein Vater am
Sonntagnachmittag angeschaut hat. Das muss im ORF gewesen sein, etwas anderes gab es damals nicht. Diese Filme
waren für mich damals schon sehr artifiziell, da ist alles gut
ausgegangen, alle haben sich zum Schluss lieb gehabt im
›Wilderer vom Königsbach‹ und er war der Einzige, der zum
Schluss tot war, aber das war allen wurscht. Das Pärchen hat
sich gefunden. Das war der Heimatbegriff, mit dem ich aufgewachsen bin. Etwas, was man dann auch wieder abschal-
ten konnte – wie eben damals den Fernseher«, erinnert sich
Klaus Oppitz lachend an die Kindheitstage und ihre media-
len Rahmenbedingungen.

In Wels, wo er aufwuchs, habe es damals schon sehr starke rechte Strömungen gegeben, und dadurch auch eine sehr kämpferische Linke. Da habe es schon damals ziemlich starke Lager gegeben. »Das habe ich natürlich erst mit zunehmender Jugend mitgekriegt, als ich dann politisch interessiert wurde. Da habe ich dann erkannt, dass die Rechten den Heimatbegriff für sich inhaliert hatten. Damals habe ich mich immer gefragt, worauf die abzielen, ob da einfach der Verlust jeder Neugier zutage tritt und die sich daheim, in einem ganz kleinen Raum, zu einer Kugel zusammenrollen und möglichst alles ›Fremde‹ draußen lassen wollen. Die Heimatfilme und diese Rechten haben mir den Heimatbegriff einigermaßen ausgetrieben. Für mich wurde der Begriff so weit abstrahiert, dass ich irgendwann gar nichts mehr damit anfangen konnte.«

Das, was man als Heimatgefühl bezeichnet, verspüre er nicht. Natürlich überkämen auch ihn irgendwelche Erinnerungen, wenn er dorthin zurückkehre, wo er aufgewachsen ist, wo er als Kind gespielt hat, auf einen Berg hinaufgekraxelt ist, wo es ein bestimmtes Gebäude nicht mehr gibt, »da steht jetzt etwas ganz anderes, oh wie schade! Aber das bringt für mich nicht riesige Wehmut. Da kommen eher wieder Geschichten hoch, die ich dann vielleicht irgendwo verarbeite oder erzählen will, weil sie skurril sind. Ich stamme aus einer Gegend, wo viele auch meiner Generation gesagt haben: ›Na, um Gottes Willen, nach Wean geh' i ned', do is ollas fremd!‹ So empfand ich nie. Auch nicht, als ich nach Wien kam, Mitte der 1990er-Jahre. Ich war ja früher auch schon oft da gewesen, weil ich es nett fand und ich hatte da schon längst den Führerschein und konnte Auto fahren, und zwei Stunden waren jetzt auch nicht gerade der Wahnsinn und ich habe diese Hürde der anderen nie verstanden. In Wien bin ich dann draufgekommen, es ist im Endeffekt auch nur ein Dorf, nur ein bisserl größer. Am Sonntag haben die Läden auch alle zu!« Aber er stamme eben auch aus einer ziemlich liberalen Familie, die im sozialen ÖVP-Eck war, aber durchaus das Soziale noch in sich trug und sich zwar nicht ganz weit weg in die Welt bewegt hatte, aber doch ein bisschen. Wels sei ihm vertraut und gleichzeitig fremd. »Sie haben jetzt einen blauen Bürgermeister, es sind, was ich schade finde, Sozialleistungen gekürzt worden, was unter anderen meinen Vater betroffen hat im Altersheim. Ich erkenne viele Sachen wieder, die mir damals schon aufgestoßen sind. Ich habe natürlich dort Bekannte und Freunde, die mag ich auch heute, es hat sich für mich nicht viel geändert, außer dass mein Lebensmittelpunkt jetzt in Wien ist und nicht mehr dort. Aber es hat mich nie wieder dorthin zurück gezogen. Auch weil ich nie das Gefühl hatte, dass ich dort wahnsinnig verwurzelt war. Ich glaube, ich habe da eine degenerative Krankheit, denn ich habe nie Wurzeln ausgebildet, auch in Wien nicht. Ich habe diese Riesenemotion einer örtlichen Verbundenheit nicht, dass ich sagen könnte, das ist jetzt mein Ort. Vielleicht entwickle ich im Alter eine gewisse Faulheit, aber das ist dann trotzdem etwas anderes.«

In seinem teils in sehr dunkler Satire verfassten Roman »Auswandertag« liegt der Schwerpunkt auf einer österreichischen Familie in einem rechts regierten Österreich, in dem ein Kaffee 20.000 Schilling kostet und kaum jemand Arbeit hat, weswegen die Familie Putschek ihr Heil in der Flucht ins EU-Vorzeigeland Türkei sieht. »Eine klassische Spiegelgeschichte, eine klassische Umkehrung. Menschen, mit denen man sich identifizieren kann, weil sie aus demselben so genannten Kulturkreis stammen – auch etwas, was mir ein bisschen fremd ist –, in die man sich hineinfühlen und sich denken kann, das bin irgendwie ich, auch wenn die Romanfiguren ausgewachsene Idioten sind.« Die Protagonisten seien Klischees, Figuren, die man als österreichischer Leser, Kabarettbesucher oder Fernseh-Konsument durchaus kenne, Knallchargen. »Ein guter Schuhlöffel, um in das Thema Flucht hineinzukommen. Mir ist das Thema immer schon an die Nieren gegangen, weil ich mir dachte, wenn da Menschen kommen, die daheim wirklich Böses erlebt haben, dann muss man denen helfen. Ich konnte diese Abstraktion nicht verstehen, dass das die anderen sind und mia san mia. Noch dazu in einem Land, das vor nicht allzu langer Zeit selber Böses erlebt hat.«

Der stets zu einem kabarettistischen Tonfall neigende Klaus Oppitz hatte selber noch Eltern und Großeltern, die ihm vom hiesigen Grauen erzählen konnten. »Mein Vater ist noch Kriegsgeneration gewesen, wenn auch als Kind, aber so, dass er es bewusst mitbekommen hat.« Oppitz sagt, ihm sei die Art, wie Flüchtlinge hierorts beschrieben werden, gegen den Strich gegangen, und im Roman konnte er eine Fluchtgeschichte so aufdröseln, dass man zumindest ein paar Leute damit erwischt. »Wirklich radikale Geister kriegt man mit einem Buch eh nicht, aber man kriegt ein paar Leute, die grundsätzlich gern lesen und die sich eine solche Geschichte vielleicht eher antun, wenn sie witzig und unterhaltsam daherkommt.« Vielleicht sei das Gegen-den-Strom-Schwimmen Familientradition. »Wir hatten einen Großvater, der Vater meines Vaters, der ein glühender Nazi-Gegner war. Der war eine Zeit lang, nicht sehr lange, wie man sich ob der Geschichte denken kann, Stabsarzt und hat dort massenweise junge Männer wehruntauglich geschrieben, die pumperlg'sund waren. Dem sind die Nazis derart gegen den Strich gegangen, dass er sich dachte, für euch schicke ich sicher niemanden in den Krieg. Er war auch immer irrsinnig laut. ›Scheiß-Nazis‹ war damals ein Standard-Ausruf von ihm. So laut, dass seine Frau, meine Großmutter, die ich leider nicht mehr gekannt habe, die Krise gekriegt hat. Das geflügelte Wort war dann ›ned so laut, Pepi. Sei lieber ein bisserl still‹. Das konnte er gar nicht. Das war noch ein klassischer Christlich-Sozialer, katholisch bis ins Mark, aber der hat diese Werte, die die Kirche mehr schlecht als recht vermittelt, ernst genommen und auch seinen Kindern weitergegeben.«

Über Religion habe man in der Familie nicht diskutieren können, »weil der Papst ist der Papst und die Kirche ist die Kirche und da geht nichts drüber, aber teilweise gab es bei uns schon Familiengespräche, bei denen man kurz den Verdacht hätte bekommen können, man sitze mit einer Gruppe Linker zusammen. Weil alle gewisse Dinge nicht einsehen wollten. Ein großes soziales Gewissen herrscht in meiner Familie bis heute, das hat sich bis in meine Generation fortgesetzt.« Es sei bei ihm zu Hause zwar nicht enorm viel politisiert worden, aber es habe eine solide Grundhaltung gegeben, die man mitgekriegt habe. »Mütterlicherseits gab es eine Urgroßmutter, die brachte es zustande, während der Nazi-Zeit Kommunistin zu sein und nach der Nazi-Zeit Nazi zu sein – Hauptsache dagegen. Die war politisch in Wahrheit ziemlich schlicht. Gegenüber unserem Wohnhaus gab es eine Herberge für türkische Gastarbeiter und die waren für sie indiskutabel. Da fielen Sätze wie ›versteckt eure Kinder‹ – nicht anders als heute auch wieder. Da habe ich schon als ziemlich junger Mensch, in der Unterstufe, dagegen rebelliert, auch wenn ich nicht genau weiß, woher das kommt, denn wirklich thematisiert wurde es nicht.« Aber es gab eben, abgesehen von dieser Großmutter, die grundsätzliche Haltung, diese Türken seien auch nicht besonders anders als wir. »Die machen halt einen anderen Job, haben eine andere Sprache und kommen aus einem anderen Land. Aber, so what?«

»Fremd« sei eben nicht »fremd«, sondern »anders« und »unbekannt«. Wobei der Fremde gar nicht aus diesem oder jenem Land kommen müsse, sondern nur jemand sein müsse, den man noch nicht kenne. »Den lernt man dann vielleicht einmal kennen. Es ist ja eine altbekannte Weisheit: Die Flüchtlinge, die du in deinem Ort hast, auf die du stößt und mit denen du dich beschäftigst, sind dann gar nicht mehr so fremd im Sinne von bedrohlich, wie der Begriff ›fremd‹ leider oft aufgefasst wird. Die sind dann vielleicht nur noch fremd im Sinne von spannend, aber dann ist das ungute Gefühl ja längst schon weg.«

»Fremd ist mir, wenn sich Menschen nicht aufeinander einlassen können«

Marsela Pscheider, geboren 1986 in Velika Kladuša, Nord-Bosnien, übersiedelte als Neunjährige nach dem Krieg in Bosnien (1992–1995) nach Vorarlberg zu ihrer Mutter, die sie jahrelang nicht gesehen hatte. Ihre Mutter war 1990, 22-jährig, auf der Suche nach einem besseren Leben nach Vorarlberg gekommen. Davor hatte sie in der Schweiz auf Baustellen gearbeitet und wurde als Illegale, wie die Tochter es formuliert, vertrieben. Marsela Pscheider ist Diplomsozialarbeiterin in der Behindertenbetreuung.

Als Kind hatte sie viel Angst, erzählt Marsela Pscheider über die Zeit des Krieges in Bosnien. Man nehme zusätzlich zu den eigenen Ängsten auch die Ängste der Erwachsenen wahr. Und die Angst blieb lange Zeit, sagt die junge Frau mit den fast durchscheinend grünen Augen, den zarten Fingern und den sprechenden Händen. Als sie nach Österreich gekommen sei, sei alles fremd für sie gewesen, die Sprache, die Kultur, die eigene Mutter, die neue Familie der Mutter, der Halbbruder.

»Am Anfang, als Kind und vor allem als Teenager, da hatte ich Probleme. Ich habe mich hier fremd gefühlt, nicht dazugehörig, einfach anders. Als ich von Bosnien nach Österreich gekommen bin, da war es auf einmal wichtig, was du angezogen hast, welche Kleider du hattest. In Bosnien war das egal, da hat jeder angehabt, was er eben anhatte. Da gab es nicht diesen Markenwahn, diese Identifizierung mit Marken. Hier war auch wichtig, was für tolle Berufe deine Eltern haben, wie groß dein Haus ist. Ich hatte nichts von dem vorzuweisen und fühlte mich dadurch fremd.«

Ihre Mutter hatte anfangs auf Baustellen gearbeitet. Sie habe in halb Vorarlberg Häuser mitgebaut, habe sich alles selber beigebracht, sie sei auch viel putzen gewesen und abwaschen in Küchen. Gehänselt habe Marsela Pscheider niemand wegen der geringeren sozialen Stellung der Mutter, weil das Mädchen es keinem erzählt hat. »Weil es unangenehm war, zu sagen, meine Mutter geht auf Baustellen arbeiten oder putzen, das war mir sehr unangenehm. Aber dadurch, dass man eine Fassade aufbaut, verliert man ein Stück Identität. Als ich nach Österreich kam, war das, als ob man mich von der Erde auf den Mond gebracht und gesagt hätte: So, hier bist du jetzt und hier bleibst du jetzt. Ich konnte mich nicht mehr in meiner Sprache verständigen und es waren ganz andere Dinge wichtig als in Bosnien. Ich bin aus einem kriegszerstörten Land in eines gekommen, in dem alles schön war, neue Häuser, schöne Häuser, genug zu essen, genug Kleider. Aber ich habe gleich als Kind diese Distanz der Menschen wahrgenommen. Und ich dachte mir, eigentlich müssten hier alle überglücklich sein und alle jeden Tag lachen, weil sie alles haben, Frieden, genug zu essen, Kleidung. Aber ich nahm nicht viel Lebensfreude in Österreich wahr. Das hat mich irritiert.«

Mittlerweile habe sie die Freunde gefunden, die sie sich immer schon gewünscht habe, sagt die sanfte, kleine Frau. Und mittlerweile kenne sie so viele herzliche Menschen, dass sie sage: Ja, Vorarlberg ist jetzt ihre Heimat. Sie fühle sich wohl, mit dem Land, mit den Menschen.

Marsela Pscheider spricht perfekt Deutsch und sie träumt auch längst auf Deutsch. »Irgendwann einmal habe ich bemerkt, dass ich ja gar nicht mehr in meiner Muttersprache denke, sondern in Deutsch. Mittlerweile kann ich besser Deutsch als meine Muttersprache.« Auch mit ihrer Mutter spreche sie hauptsächlich Deutsch, manchmal gemischt mit Bosnisch. »Aber ich beherrsche die Sprache leider nicht mehr. Ich hatte ja das Sprachvermögen einer Neunjährigen und dann kam Deutsch. Deutsch habe ich innerhalb von drei Monaten gelernt. Dadurch, dass ich den Nachnamen meines österreichischen Stiefvaters angenommen hatte, hat keiner gemerkt, dass ich nicht von hier bin. Ich habe es anfangs auch niemandem erzählt. Das wäre mir zu peinlich gewesen. Ich wollte hier wie alle Österreicher sein, dazugehören und nicht anders sein.«

Innerlich allerdings sei dieser Weg sehr hart gewesen, erinnert sie sich und lacht laut auf. »Ich hatte plötzlich keine Identität mehr, ich musste die erst einmal finden und dann war es ja auch so, dass ich eigentlich meine Mutter nicht mehr kannte. Denn in fünf Jahren Trennung – und fünf Jahre sind in dem Alter schon sehr viel –, da baut man sich eine Vorstellung von der Mutter auf. Die ist halt nicht so eingetroffen, wie ich mir das vorgestellt hatte. Und dann war meine Mutter auch viel am Arbeiten, mein Stiefvater genauso. Als ich nach Österreich kam, hatte ich bereits einen Bruder. Das passte mir gar nicht. Warum hast du das Recht, die Mama gehabt zu haben und ich nicht?, solche Gedanken gab es. Ja, das hat alles viele Jahre gebraucht, bis die Beziehung zu meiner Mutter wieder aufgebaut war, bis ich meinen Bruder akzeptiert hatte. Mit dem anderen, der auf die Welt kam, als ich schon hier war, mit dem hatte ich keine Probleme, da war ich ja von Anfang an dabei. Aber mit dem größeren, da gab es immer wieder Konflikte, ich wollte ihn einfach nicht akzeptieren.«

Jetzt verstehe sie sich mit ihm besser als mit dem jüngeren, den sie immer verwöhnt hatte. Der Ältere sage, er nehme ihr nichts übel, sie seien ja Geschwister. »Ich betrachte jetzt meine Familie als Familie. Ich bin in vielem auch dankbar, vor allem meiner Mutter. Sie hat sich immer für mich eingesetzt. Und sie hat auch gleich am Anfang zu meinem Stiefvater gesagt: ›Wenn du ihr ein Haar krümmst, krümm ich dir alle Gliedmaßen‹«, erzählt sie und gluckst vor Lachen. »Da war sie schon direkt und klar.«

Jahrelang sei ihre Mutter nervlich auch ziemlich angeschlagen gewesen und hatte enorme Sorgen um die Tochter. Oft seien Monate vergangen, ehe sie einander während des Krieges wenigstens am Telefon sprechen konnten. »Sie war jung, sie war hier, sie musste sich aus dem Nichts etwas aufbauen. Die ersten Wochen hat sie im Auto vor einer Gaststätte geschlafen. Sie hat es nicht leicht gehabt. Vor allem als Frau, da war es doppelt so schwer, sich durchzuschlagen. Und sie war ständig in Sorge um ihr kleines Mädchen.« Marsela lebte damals bei der Großmutter, mit den Tanten, alle in einem Haus, der Bruder der Mutter, seine Frau, seine Söhne, die Uroma. »Wir waren Selbstversorger, hatten zwei Kühe, mehrere Hühner, ein großes Feld, wo wir eigenes Gemüse angepflanzt haben. Geld gab es keines, bestenfalls ganz wenig. Dennoch war man glücklich. Den Krieg habe ich noch gut in Erinnerung. Aber noch mehr den Tag, als meine Mutter in die Schweiz ging. Ab da war ich kein Kind mehr.«

Frau Pscheider gelang es lange Jahre nicht, ihre kleine Tochter nach Österreich nachzuholen. Immer habe es geheißen, sie müsse noch diese und jene Auflage erfüllen. »Und in der Zwischenzeit ist eben der Krieg gekommen. Ich war schockiert. Wieso bringen Menschen Menschen um, warum sind hier Soldaten? Ich war hauptsächlich mit diesen Fragen beschäftigt und nicht, warum meine Mutter nicht hier ist.«

Jetzt fahre sie jedes Jahr nach Bosnien, sagt Marsela Pscheider sichtlich froh. »Ich muss ehrlich sagen, die bosnische Kultur, die fehlt mir hier. Dort gehen die Menschen offen aufeinander zu. Zum Beispiel ist dort jede ältere Frau die Oma von jedem Kind. Eine ältere Frau spricht man mit Oma an, und sie sagt mein Enkel, mein Goldstück, mein Herz, auch wenn sie dieses Kind noch nie im Leben gesehen hat. Ja, da war ich in Österreich schockiert! Wehe dir, wenn du einer älteren Frau Oma gesagt hast«, kichert sie, »da hieß es gleich: ›Ich bin doch nicht so alt!‹ Und auch das Natürliche fehlt mir. Aber vor allem der Umgang der Menschen untereinander. Es ist herzlicher dort, so ist jedenfalls mein Eindruck. Natürlich fehlen mir auch das bosnische Essen und die bosnische Musik. Auch die Sprache, die fehlt einem sehr, wenn man in ein fremdes Land kommt, die eigene Muttersprache. Ich glaube, wenn man aufhört, in seiner Muttersprache zu denken, dann ändert sich auch das Denken. Wenn ich ein Gedankenchaos in meinem Kopf habe, dann versuche ich, auf Bosnisch zu denken. Meistens ordnet es sich dann wieder.«

Aber in zwei Welten zu Hause sei sie nicht. Das sei sie lange Zeit gewesen, vor allem in der Anfangszeit in Vorarlberg. »Mittlerweile habe ich das alles akzeptiert, was es hier gibt. Hier sehe ich meine Heimat, meine Freunde und meine Zukunft.« Ihre private Zukunft, die sieht sie mit einem Deutschen. Denn den gebe es schon seit zwei Jahren.

»Fremd fühlt man sich,
wenn jemand einen ganz anders sieht,
als man ist«

Sumaya Saghy-Abou-Harb, geboren 1971 in Waidhofen an der Thaya, hat einen syrischen Arzt als Vater und eine gebürtige Österreicherin als Mutter. Nach der Ermordung eines ihrer Cousins in Syrien hat die Maskenbildnerin, die mit ihrem zweiten Mann und ihrem gemeinsamen Sohn in Niederösterreich lebt, den Verein »Nubigena Wolkenkind« gegründet, der mit Flüchtlingen an Schulen geht und versucht, bei der Jugend Verständnis für die Lage der Geflüchteten zu wecken.

Der Begriff »fremd« habe für sie mehrere Bedeutungen, sagt die dreifache Mutter mit den Mandelaugen und der leisen Stimme. »Es gibt positive Dinge, die fremd sind, wenn man etwa in ein fremdes Land fährt, in ein Land, das man kennenlernen will, die Menschen und die Kultur. Wenn man einem Kind sagt, es soll nicht in ein Auto zu einem Fremden einsteigen, meint man damit nicht einen fremden Menschen von auswärts, sondern einen Menschen, den man nicht kennt, der eine Gefahr darstellen könnte für das Kind, egal, ob er In- oder Ausländer ist. Wenn jemand sagt, des is a Fremder, bedeutet das aber meist, das ist ein Ausländer. Und da schwingt oft mit, das wäre jemand, der gefährlich ist.«

Ihr selber sei nicht viel fremd, auch nicht, wenn sie in ein fremdes Land komme, »weil ich mich eigentlich nirgendwo unsicher fühle. Nicht in einem fremden Land, nicht mit fremden Menschen.« Dass sie sich leicht auch in ungewohnten Situationen zurechtfindet und sich nicht gleich gefährdet fühlt, zeigte die kleine Frau im Sommer 2015 im Flüchtlingslager in Traiskirchen, als sie und ihr mit Spenden vollgefülltes Auto in Windeseile von Dutzenden Asylwerbern umringt waren, sie aber in aller Ruhe und mit leiser Stimme die Menschen bat, ihr ein bisschen Platz zum Verteilen der Zelte, Schuhe, Hygieneartikel zu lassen. Andere Österreicher hatten da weit schlechtere Nerven und brüllten herum, wenn auch ohne Erfolg.

»Ich kenne dieses Gefühl kaum, dass etwas wirklich fremd ist. Ich kenne das nur aus einzelnen Situationen in meinem Leben. Wir sind relativ oft umgezogen. Ich bin in Waidhofen an der Thaya im Waldviertel geboren. Mein Vater ist aus Syrien und hat in Waidhofen für sein Medizinstudium den Turnus gemacht. Dann sind wir nach Wien gezogen, dann wieder ins Waldviertel und von dort nach Tamsweg im Lungau. Da ist mir als Kind die Sprache fremd vorgekommen. Ich habe die Lungauer nicht verstanden. Das war für mich anfänglich gewöhnungsbedürftig, die Situation hat sich aber rasch geändert, weil ich dort so große Freiheiten hatte. Nach vier Jahren bin ich in eine Ganztagsvolksschule in Wien gekommen, aus der ich nicht mehr hinaus konnte, das war wieder eine fremde Situation für mich. Und wieder eine neue Sprache, das Wienerische. Das habe ich am Anfang nicht verstanden und umgekehrt haben mich die Kinder hier nicht verstanden. Aufgewachsen bin ich sprachlich mit einer Mischung aus Hochdeutsch und Lungauerisch. In Wien war es für mich ein riesiger Einschnitt, nicht mehr frei zu sein. Da habe ich mich fremd gefühlt. Wobei ich mich nie und nirgends als Halbsyrerin gefühlt habe. Ich habe diese Kulturunterschiede nicht gespürt als Kind, weder in Waidhofen noch in Tamsweg, noch in Wien. Ich habe nicht gespürt, dass ich ein Mischling bin.«

Sumaya Saghy-Abou-Harbs Vater kam nach Österreich, weil in Syrien ein System herrscht, das Wahlfreiheit beim Studium nicht zulässt. Herr Abou-Harb hatte zwar genug Punkte, um Medizin studieren zu dürfen, aber das System sah vor, dass er Zahnarzt hätte werden sollen und das wollte der Allgemeinmediziner nicht.

»Mein Papa hat mich relativ frei erzogen, obwohl er selber Sunnit ist und sehr streng erzogen worden ist von seinem Großvater, der der Mufti der fünf großen Moscheen in Damaskus war. Mein Vater hat mir von klein auf den Islam nahegebracht, indem er mir klarmachte, dass das eine Sache nur zwischen Gott oder Allah und einem selber ist und dass sich da niemand einmischen darf. Ich bin Sunnitin, obwohl ich das nicht lebe. Mein anderer Großvater, der Vater meiner Mutter, war in jungen Jahren im Priesterseminar in Seitenstetten, dem haben dann aber die Frauen besser gefallen«, lacht sie, »mit dem war ich als Kind oft in der Kirche. Ich kenne beide Religionen sehr gut. Ich selber habe aber keine wirkliche Religion, das kam dabei heraus aus dieser meiner Kindheit.«

Als Kind sei sie sehr oft in Syrien gewesen, oft auch die ganzen Sommerferien über, habe die Sprache leider aber nicht gelernt, sich mit der Oma mit Händen und Füßen unterhalten. »Das Dorthinkommen war nie fremd, ich habe mich immer wohl gefühlt, auch wenn das Leben dort ganz anders war, viel langsamer, gemütlicher. Das hat man auch als Kind gemerkt, dass die Uhren dort ein bisschen langsamer gehen, dass Termine nicht so wichtig sind. Wenn jemand sagt, er kommt in einer Stunde, können das auch drei Stunden sein. Das war schon damals für mich unbedeutend.

Für mich war dann aber ein Wiedersehen mit einem meiner Cousins sehr fremd, als ich als Erwachsene wieder nach Syrien kam. Meine mittlerweile ebenfalls erwachsenen Cousins, mit denen ich als Kind so viel gespielt hatte, hatten eine Zeit lang in Saudi-Arabien gelebt und mein mittlerer Cousin ist dort auf einmal sehr religiös geworden. Er hat mich zwar sehr herzlich begrüßt, aber ohne mir die Hand zu geben. So hatte er sich vorher nie benommen. Das war ein Moment, in dem ich mir wirklich fremd vorgekommen bin. Er hat mir das erklärt, ich solle nicht böse sein, das sei eine Höflichkeit, er würde mich als verheiratete Frau respektieren. Aber das war ein großer Unterschied zum Verhalten meiner Onkel, die in Syrien geblieben waren. Sein jüngerer Bruder Ahmed, der auch in Saudi-Arabien aufgewachsen ist, hat mich, sobald sein Bruder aus dem Zimmer war, umarmt und mir die Hand gegeben, der ist bis heute so.«

Saudi-Arabien mit seiner rigiden Koran-Auslegung, dem Wahhabismus, verändert Millionen Araber, die dort als Gastarbeiter eine Zeit lang gelebt haben, sie bringen ihre strenge Koran-Auslegung in ihre Heimatländer zurück, somit verbreitet sich dieses Gedankengut in vielen muslimischen Ländern und auch unter Muslimen in Europa.

»In letzter Zeit frage ich mich immer wieder, ob ich für andere hier fremd bin, ob mich andere als fremd sehen, allein schon wegen meines Namens«, gesteht Sumaya Saghy-Abou-Harb ein. »Wenn ich mich vorstelle, dann heißt es zuerst immer, ›oh! Das ist ein langer Name‹, dann woher der kommt, ob das ein arabischer Name sei. Die nächste Frage ist dann oft, aus welchem Land ich komme. Und ich denke mir dann, macht das denn einen Unterschied, wo ich herkomme? Da frage ich mich, ob ich für einen solchen Menschen ein Fremder bin, nur weil der jetzt meinen Namen kennt.

Solche Verhaltensweisen beschäftigen mich. Dieses Verhalten in dieser Häufigkeit ist erst in letzter Zeit aufgetaucht. Als ich ein Kind war, war mein Name überhaupt nie ein Thema, auch nicht in Tamsweg, dort hat es überhaupt keine Araber gegeben außer meinem Papa, aber es war weder in der Schule noch unter Freunden ein Thema, der Name wurde nicht als fremd empfunden. Vielleicht weil Kinder anders sind, offener sind.«

Seit einigen Jahren, seit es Krieg in Syrien gibt, erkennt Sumaya Saghy-Abou-Harb diese Veränderung in der Gesellschaft ihres Heimatlandes. »Seitdem es Flüchtlinge gibt, seitdem die Menschen registrieren, dass Flüchtlinge kommen, dass ›die arabische Welt auf sie einstürzt‹, hat sich das Verhalten vieler sehr verändert.«

Seither erlebt sie diese Distanz gegenüber Arabern am eigenen Leib. »Ich war zum Beispiel mit meinem Mann auf der Suche nach einer Kanzlei in Niederösterreich in der Nähe von Blumau, wir waren bei einem Makler, der uns einige Objekte gezeigt hat. Wir fanden eines, das uns sehr gut gefallen hat und ich sagte dem Makler, mein Vater würde es kaufen und mein Mann, ein Steuerberater, nutzen. Der Makler sah mich an, ohne meinen Namen auch nur gekannt zu haben, und teilte mir mit: ›Aber ich muss Ihnen schon sagen, die Menschen hier wollen dann keine Leute mit Kopftuch hier herumlaufen haben.‹ Das war 2013 und diese Reaktion war mir sehr fremd. Das war das erste Mal, dass ich mir dachte, es sieht mich jemand ganz anders, als ich bin. Vielleicht ist es meine Nase, die ein bisschen arabisch ist, oder es sind die großen Augen, aber eigentlich weiß ich überhaupt nicht, was es ist. Weder schaue ich so arabisch aus, noch ist meine Mutter Araberin, noch trage ich Kopftuch. Das war für mich ein einschneidendes Erlebnis.«

Dass es Stereotypen in der österreichischen Gesellschaft gibt, merke sie auch immer wieder, wenn sie von ihrer ersten, unglücklichen Ehe erzählt. Ihr Ex-Mann, den sie als 14-Jährige kennengelernt hatte, sei enorm eifersüchtig gewesen und habe sie oft zu Hause eingesperrt. »Da ist die erste Frage immer: Ist das auch ein Araber? Nein, das war kein Araber, das war ein Österreicher! Solche Reaktionen befremden mich, diese Haltung, wenn man sofort mit Vorurteilen konfrontiert wird.« Diese Vorurteile gebe es, meint Sumaya Saghy-Abou-Harb, allerdings schon seit Anfang des neuen Jahrtausends. »Die Menschen haben es nach meinem Gefühl schon sehr lange in sich, das Fremde, besonders das Arabische, abzulehnen. Nur wurde es früher nicht so geäußert und jetzt kommt es sehr stark ans Tageslicht. Da fange ich an, mich hier in Österreich immer weniger wohl zu fühlen, obwohl ich das gar nicht will. Ich würde so gerne haben, dass alles bliebe, wie es bis vor Kurzem war.«

Ihre Mutter spreche kaum über eigene fremdenfeindliche Erlebnisse wegen ihres Ehemannes, sie sei ja auch blond und werde daher nicht als Fremde betrachtet. Ihr Vater, der sehr arabisch aussehe, sei in jüngster Zeit noch nicht in der Öffentlichkeit angegangen worden. »Aber er hat diese Xenophobie schon erlebt, als wir von Tamsweg 1979 nach Wien gekommen sind. Da hat er im 10. Bezirk eine Ordination übernommen. Der damalige Bezirksärztevertreter hat ihn mit den Worten begrüßt: ›Wir freuen uns nicht, dass Sie da sind!‹«

Als sie in Waidhofen auf die Welt gekommen sei, so erzähle ihre Mutter gern, habe Summy, wie sie von Familie und Freunden genannt wird, eine dunklere Haut gehabt als jetzt und viele schwarze Haare. »Damals haben die Hebammen im Spital durch eine Glasscheibe den Eltern ihre Babys gezeigt. Neben meinen Eltern stand ein Bauer, der sagte, wenn auch durchaus freundlich: ›Schau, a Negerweibi ham's auch!‹ Dem dürfte ich recht komisch vorgekommen sein«, lacht sie. »Aber der war nicht wirklich unangenehm, auch nicht für meine Eltern. Der war einfach nur verblüfft.«

Durch den Krieg in Syrien hat sich für die Maskenbildnerin, vor allem aber auch für ihren Vater, viel verändert, sie haben eine große Familie in dem Bürgerkriegsland. Entsprechend mehr interessieren sie sich für die Schrecknisse des Krieges, entsprechend groß ist die seelische Belastung schon seit mehr als fünf Jahren. »Im November 2013 ist ein Cousin, der als Knochenchirurg in einem Spital nördlich von Damaskus gearbeitet hat, in der Klinik gemeinsam mit anderen Ärzten und Schwestern als Geisel genommen und erschossen worden. Seine Mutter hat das am Telefon mitgehört. Er durfte sie noch anrufen, aber während des Telefonats wurde er umgebracht. Dieses entsetzliche Verbrechen war bei mir der Auslöser, eine Aktion zu starten, um Verständnis für die Menschen zu erzeugen, die vor Krieg fliehen, die als Flüchtlinge herkommen. Dieser Cousin wollte auch fliehen, ist aber seiner Mutter zuliebe geblieben, denn sie hatte gesagt, sie könne nirgendwo als Flüchtling leben, sie würde das nicht überstehen.«

In Erinnerung an ihren Cousin habe sie in Österreich ein Projekt ins Leben gerufen, ›Nubigena Wolkenkind‹. »Wir gehen mit Flüchtlingen, die schon gut Deutsch können, in Schulen und erzählen, was diese Flüchtlinge auf ihrer Reise erleben und was sie bewegt hat, zu flüchten. Das machen wir seit 2014. Wir haben mehr als 3600 Kinder erreicht an mehr als 50 Schulen.« Dieses Projekt hat positive Folgewirkungen, wie etwa, dass einige Schulen selber Aktionen gestartet haben, für Flüchtlinge gesammelt haben, sich mit ihnen konfrontiert haben. Sumaya Saghy-Abou-Harb hat viele äußerst positive Briefe von Lehrpersonal und Eltern, vor allem aber auch von Kindern erhalten, die sich dafür bedanken, dass Flüchtlinge, die man üblicherweise nur in den Nachrichten sieht, ein Gesicht und eine Stimme bekommen. Und dass ihre Fluchtgeschichten verständlich werden, weil die Kinder ihnen jede Frage stellen können, die sie bewegt.

Aber auch ein Projekt wie dieses könne die schlechte Stimmung in Österreich nicht wegzaubern. »In meinem engeren Kreis hat sich nichts verändert, aber da habe ich ja Freunde, die ich ewig kenne und die genau so denken wie ich und die kein Problem mit Ausländern haben, für die der Mensch zählt und nicht sein Geburtsort. Aber die Stimmung allgemein finde ich furchtbar. Das, was ich in der Arbeit mitbekomme, wie plötzlich über fremde Menschen geredet wird, dass Menschen Angst bekommen vor Flüchtlingen, vor Arabern allgemein, das finde ich schlimm. Dass alle in einen Topf geworfen werden, dass keine Unterschiede gemacht werden, ob das ein Guter oder ein Böser ist, egal, wo der herkommt, sei er nun Österreicher oder von sonst wo. Ich empfinde diese Stimmung als sehr belastend. Und wie die wieder verschwinden könnte, weiß ich auch nicht.«

»Manches kann ich heute wiedererkennen, was mir aus meiner Kindheit nur zu bekannt ist«

Liese Scheiderbauer, geboren 1936 in Wien, kam mit sieben Jahren gemeinsam mit ihrer Mutter und ihrer älteren Schwester ins Konzentrationslager, denn alle Fluchtversuche waren fehlgeschlagen. Wie durch ein Wunder überlebten sie, auch der in Italien in einem KZ festgehaltene Vater. Nach der Nazi-Zeit wurde die nicht praktizierende Jüdin Tänzerin, heiratete später den Filmproduzenten Dr. Heinz Scheiderbauer und lebt mit ihm und zwei Hunden am Stadtrand von Wien.

Auf die Frage, was für sie, die bereits in frühester Kindheit in ihrem eigenen Land zu einer Fremden abgestempelt wurde, der Begriff »fremd« bedeute, hat die kleine Frau mit den jugendlich-neugierigen Augen in einem Gesicht voller Lachfalten, aber ohne eine einzige Zornesfalte, sofort eine Antwort: »›Fremd‹ bedeutet für mich ›gemein‹, ganz einfach.« Fremde Menschen gebe es für sie eigentlich nicht, sondern nur gemeine Menschen. »Jemand, der sich unmenschlich benimmt, der ist für mich fremd. In Kulturen füge ich mich ein. Ich lebte lange Zeit die Hälfte des Jahres in Italien, wo es eine völlig andere Lebenskultur gibt als hier in Wien. Das war absolut nicht fremd. Es gibt allerdings etwas, was für mich fremd ist, das ist Landbevölkerung, weil ich ein Stadtmensch bin. Österreichische Landbevölkerung, nicht italienische Landbevölkerung. Perchtenlauf ist mir fremd. Als Menschen aus Elend, Bombenkrieg und voller Angst kamen und sich die Landbevölkerung an der österreichischen Grenze aufgeregt hat, dass sie vielleicht ihren Perchtenlauf absagen muss: Das ist für mich ein vollkommen fremdes Gebaren und das hat mich erschreckt«, bezieht sie sich auf die Fluchtbewegung im Jahr 2015 und den Ärger so manchen Mitbürgers über die Störung der gewohnten Abläufe.

In ihrer Kindheit sei sie »von den Nazis zu einer Fremden gestempelt worden. Aber ich war damals noch sehr klein, und in der Nahumgebung, in der ich war, der jüdischen Umgebung, war ich integriert. Der Vater meiner Mutter war ein einbeiniger, riesiger österreichischer Offizier im Ersten Weltkrieg. Mein Großvater ist 1900 mit einem Ballon abgestürzt, ist mit 19 in Pension geschickt worden. Er hat nie ganz erfasst, was sich abspielte. Er hat versucht, zu seiner zum Judentum konvertierten Tochter und zu seinen Enkelkindern zu halten. Er hat auch den Unterschied nicht verstanden. Der Großvater ist dann, als wir in das Auffanglager in der Großen Sperlgasse im zweiten Bezirk kamen, um von dort in ein KZ geschickt zu werden, mit all seinen Orden gekommen, um sich von seiner Tochter und seinen Enkelkindern zu verabschieden, mit einem Blumenstrauß und einer Bonbonniere. Ich war dort in meiner Umgebung. Er war das Fremde dort.« 1945 ist er an einem durchgebrochenen Blinddarm gestorben.

Was man denke, wenn man als Sechsjährige in ein Auffanglager kommt? »›Wo ist meine Mama?!‹ Mir war klar, sie schicken uns weg, um uns umzubringen. Die Stimmung war entsprechend. Wir wurden davor sieben- oder achtmal umgesiedelt. Die Eltern hatten zuerst am Wiedner Gürtel eine Gemeindebauwohnung, wo mein Vater eine Ordination als Lungenarzt hatte. Die Gemeindebauten waren die ersten, aus denen die Juden hinausgeworfen wurden. Von dort haben wir eine Odyssee über sieben Wohnungen hinter uns gebracht und sind dann im zweiten Bezirk gelandet, zu dritt in einem Zimmer.«

Sie sei ein außerordentlich kränkliches Kind gewesen und man habe gesagt, man müsse ihr die Mandeln nehmen. Das wurde im Jüdischen Krankenhaus gemacht, erinnert sich Liese Scheiderbauer. »Ich wurde dort von der Mama verlassen, war alleine, ein Horror. Ich habe mich dort mit Scharlach angesteckt, da waren die Mama und meine große Schwester schon in dem Auffanglager in der Großen Sperlgasse. Und da war dieser Brunner II, der die gesamten Judenverschickungen gemacht hat. Der ließ ausrichten, wir würden als erste verschickt, sobald ich nach dem Scharlach aus dem Spital komme. Meine Mama war ja keine Volljüdin, sondern eine Halbjüdin, die zum jüdischen Glauben übergetreten war. Sie hatte 1934 gesagt, es solle ihr nicht besser gehen als ihrem Mann.«

Vom Jüdischen Krankenhaus sei Liese ins Wilhelminenspital transferiert worden, sechs Jahre alt, krank und alleine in der medizinischen Aufnahme. Nonnen hätten sie empfangen. Das kleine Mädchen hatte noch nie zuvor eine Nonne gesehen, aber es seien freundliche Gesichter gewesen. Ganz anders der Arzt. Als sie sich weigerte, den Mund zu öffnen, habe ihr der eine Ohrfeige gegeben und gesagt: »Sperr's Maul auf, Judenfratz!«

»Ich suche diesen Arzt noch immer. Aber sicherlich ist er längst tot. Jedenfalls hat mich daraufhin eine dieser Nonnen genommen und weggetragen. Die waren wie die Engel. Dann hat mich meine Mutter besucht und sagte den Nonnen, sie sollten mir die Haare abschneiden, das wäre einfacher für die Pflege. Und die Nonnen sagten, man schneidet einem kranken Kind nicht die Haare ab! Die haben mich sehr gut gepflegt und eigentlich gerettet vor den Nazis, die dort waren.« Vom Wilhelminenspital ging es sofort in das Auffanglager, da sei ihr der Gedanke gekommen, dass sie umgebracht würden.

»Meine Schwester ist sieben Jahre älter und wir haben vollkommen andere Erinnerungen. Sie war in dieser Zeit hauptsächlich schwer in der Pubertät, hochbegabt, und als der Papa nicht mehr da war und die Mama nur eine kleine Pension von der Polizei hatte, weil der Papa als Lungenarzt Polizeiarzt gewesen war, hat sie uns mit ihren 14 Jahren erhalten. Sie hat Modezeichnungen für eine Modefirma angefertigt und hat beim Herrn Nedomanski, einem Sozi, seine Frau war ein Nazi, Silberbroschen emailliert. Ich, das kränkliche, verheulte Kind, bin ihr wahnsinnig auf die Nerven gegangen. Ich nehme an, auch die Mama war großartig, aber sie war einfach nicht so tüchtig. Meine Schwester ist noch heute die treibende Kraft für alles.«

Fluchtgedanken hätten sie wohl gehabt, aber die Flucht gelang nicht. Der Vater sei zu dieser Zeit in Italien in einem Konzentrationslager als Landarzt tätig gewesen. Die Kirche habe sich sehr anständig verhalten, das KZ war ein Castello, der Conte habe sich sehr für den Vater eingesetzt, auch die ganze Bevölkerung. »Die Kirche hat sogar einen Brief von Mussolini organisiert, dass wir nach Italien einreisen können, dass er uns ein Visum gibt. Aber da waren die Grenzen schon gesperrt, wir konnten nicht mehr heraus.«

Auch die Hilfeversuche der Familie mütterlicherseits schlugen fehl. Sie waren adelige Ungarn. Einer sei ein hoher Nazi gewesen. »Die Mama hat ihn angeschrieben, und es kam die Antwort, dass er die Baronesse selbstverständlich nach Ungarn einlädt, der Nazi. Aber wir konnten nicht mehr heraus.

171

Denn es war kein Geld da, um noch eine Chance zur Flucht zu kriegen.«

Lieses Mutter hatte auch versucht, ihre Töchter auf einen Kindertransport nach England zu bekommen, da war Liese drei, ihre Schwester Helga zehn. Die zwei wären getrennt worden,»da hat die Mama gesagt, sie trennt uns nicht, weil sonst wäre ich verloren«. Was alles in Folge geschehen würde, habe man sich nicht vorstellen, nicht ausmalen können.»Ich war sicher, dass man mich umbringen will, aber wie und was sich in dieser Zeit genau abgespielt hat, das wusste man nicht.«

Etwa zweieinhalb Jahre sei sie dann in Theresienstadt gewesen. Auch dort habe man sich als Kind nur gedacht:»Wo ist meine Mama?« Zuerst habe sie mit der Mutter und der Schwester zusammen auf dem Dachboden einer Kaserne gehaust. Die Frauen seien untertags alle arbeiten gegangen, Liese war alleine auf dem Dachboden. Die Schwester sei dann bald in ein Jugendheim im KZ gekommen, habe mit 14, 15 wirklich hart in der Landwirtschaft gearbeitet.»Sie hat uns aber dadurch teilweise ernährt, weil sie dort alle gestohlen haben. Ich weiß, wie Zuckerrüben schmecken, die nicht geschält sind, weil die Vitamine da erhalten bleiben.«

Weil man keinen anderen Platz für die kleine Liese hatte, sei sie eineinhalb Jahre lang in einer Gruppe von schwer behinderten jüdischen Kindern aus Ostberlin gewesen. Ende 1944 seien die Berliner Betreuer dieser Kinder, wissend, was sie erwarten würde, mit ihrer Jugendgruppe, mit ihren geistig kranken Kindern ins Gas gegangen.»Mich haben sie als einzige zurückgelassen. Weil ich nicht behindert war und weil meine Mutter da war. Sie war Reibfrau im KZ, die Comtesse hat zwangsgeputzt.«

Überlebt hätten sie durch reines Glück und den Instinkt der Mutter. Sie habe viele Fehler gehabt, aber sie habe auch den Instinkt eines echten Muttertieres gehabt. Über sie habe es den Spruch gegeben: »Wie ein Kuhstall ohne Rinder ist die Hertha ohne Kinder.«

2012 fuhr Liese Scheiderbauer gemeinsam mit ihrer Schwester nach Theresienstadt, sie gingen durch das Lager und sahen die Stätten ihrer schaurigen Kindheit wieder. Sie habe sich erinnert, wie sie ankamen, wie der Zug in eine Kaserne einfuhr. »Die Helga hat den Zug nach Auschwitz verschlafen, auf ihrem Koffer sitzend. Für den nächsten Zug sagte meine Mutter, sie trennt uns nicht, sie meldet sich und mich freiwillig an. Das wäre der nächste Zug nach Auschwitz gewesen. ›Sie sind ja auf einer Schutzliste‹, hat ihr ein Bürokrat gesagt und ist wieder weggegangen. Bei einem weiteren Mal hat mich die Mama aus einem Kasernenfenster geworfen, den Koffer hintennach und sprang dann selber. Beim Sturz hat sie sich verletzt, kam ins Spital und so versäumten wir den zweiten Transport.«

Schule oder Unterricht habe es im KZ nicht gegeben. Liese habe gespielt und getanzt und es sei ihr unendlich langweilig gewesen. Wie sie schreiben und lesen gelernt habe, wisse sie nicht mehr. Anfang 1945 habe sich ihre Mutter in der Hierarchie verbessert, habe in der Ausspeisung gearbeitet und dadurch ein Zimmer gemeinsam mit einer Berliner Gymnasiallehrerin bekommen. »Da durfte ich dann zu ihr und dieser Frau. Ich glaube, dass die nicht mitansehen konnte, dass da ein Kind war, das gar nichts lernt.«

Nachdem Liese nach der Befreiung 1945 mit neun Jahren nach Wien zurückgekommen war, besuchte sie die dritte Klasse Volksschule, die anderen Kinder seien auch nicht besser gewesen als sie. Die vierte Klasse habe sie mit minderem Erfolg absolviert, berichtet die Frau, die bis heute darunter leidet, nicht eine studierte Intellektuelle geworden zu sein, sondern eine Denkerin durch Neugier und indem sie den richtigen Menschen Fragen stellte.

Nach der Volksschule ging Liese ins Billroth-Gymnasium. Dort sei eine besonders nette Direktorin gewesen, die ihren Eltern versprach, sie würde das Mädchen bis zur Matura schleppen. »Die Matura habe ich nicht gemacht, aber sie schleppte mich bis zur vierten Klasse. Ab der zweiten ging ich nebenbei in die Musikakademie. Da stellte sich dann die Frage, Gymnasium oder Akademie, und da habe ich mich für die Akademie entschieden.« In der Musikakademie konnte man auch eine Tanzausbildung machen.

Dass nach der Nazi-Zeit die Nazis nicht verschwunden sein würden, war der ganzen Familie bewusst. Daher gab es von zu Hause die strenge Auflage, bis zum 21. Lebensjahr niemandem zu sagen, dass sie Jüdin sei. »Das habe ich durchgehalten. Völlig areligiös war ich sowieso und vielleicht bin ich meschugge«, sagt sie lachend. Meschugge ist der jiddische Begriff für verrückt. »Ich weiß es nicht. Es hat damals ja auch keine Psychologen gegeben, es ist niemandem eingefallen, mich in Therapie zu geben. Ich war die kleine Pollak, ich war bestimmt mit einem Haufen Nazi-Kindern im Gymnasium, ich war befreit von Religion, wie viele andere auch. Ich hatte privat jüdischen Religionsunterricht. In der Akademie wusste niemand von meiner Herkunft, jedenfalls nicht offiziell.«

Nach ihrer Abschlussprüfung erhielt sie sofort ein Engagement als Tänzerin ans Landestheater Salzburg, mitten in der Besatzungszeit. Sie sei eine gute Tänzerin gewesen. Aber auch in Salzburg galt die Auflage, die Herkunft nicht zu thematisieren. »›Es wäre besser, wenn du dort den Mund hältst‹, hat mir die Ballettmeisterin in Wien gesagt. Zu Weihnachten bin ich aus der Garderobe gegangen, als die Kolleginnen das Horst-Wessel-Lied gesungen haben, das war 1952 oder 1953.

Die waren alle mit Nazis liiert gewesen, ehe sie übergangslos zu den Amerikanern wechselten.« Grauslich sei das Singen des Horst-Wessel-Lieds gewesen, aber nicht fremd, sie sei die Nazi-Lieder ja gewohnt gewesen. Als die Staatsoper in Wien wiedereröffnet wurde, wurde in der Volksoper ein neues Ballett gegründet. Da kam Liese Pollak von Salzburg zum Vortanzen und wurde genommen.

»Dort war ich dann vier oder fünf Jahre. Dort hat sich alles geändert, dort konnte ich ohne Weiteres sagen, dass ich Jüdin bin. Die berühmte Tänzerin Dia-Luca war Halbjüdin, es gab noch eine zweite jüdische Tänzerin, auch Marcel Prawy war schon da, der hat die Musicals nach Wien gebracht, das war eine andere Atmosphäre. Dennoch: Wenn ich einen Verehrer hatte, der mich abgeholt hat, ist meine Schwester immer gekommen und hat gesagt: ›Wir sind eine jüdische Familie. Ich sag's lieber vorher, damit Sie nachher nicht sagen, Sie haben's nicht gewusst.‹ Einige sind abgesprungen. Menschen sind eben so.«

Gelacht habe sie immer im Leben, wiewohl sie, wie sie es formuliert, innerlich zehn Jahre stillgestanden sei. Hass habe sie keinen. Vielleicht sei das eine Erbmasse. »Mein Vater sagte über das Konzentrationslager in Italien immer, das war das Paradies auf Erden. Er hat immer gesagt, hätte er gewusst, dass wir in Sicherheit sind, wäre das die schönste Zeit seines Lebens gewesen. Ich habe aus dem Grund das Haus in der Toscana gekauft. Mein Vater kam dann mit einem Transport jüdischer Italiener nach Auschwitz, von denen außer dem Papa nur einer überlebt hat. Er hatte das Glück und auch den Instinkt, dass er eine Brosche der Mutter mithatte und im Zug nach Auschwitz einem deutschen, etwas menschlich aussehenden SS-Mann diese Brosche gab und sagte: ›Ich werde sie nicht mehr brauchen, vielleicht können Sie mir helfen.‹ Der nahm sie und als es an die gewisse Rampe ging, hat sich der Papa zu den über 50-Jährigen gestellt. Der SS-Mann kam vorbei, gab ihm einen Fußtritt, sodass er auf die andere Seite fiel. Er dachte sich noch, das ist der Dank! Mit dem Tritt hat der SS-Mann ihm aber für den Moment das Leben gerettet. Weil mein Vater nicht so groß war und nicht so viel essen musste, hat er bis zur Befreiung überlebt. Er ist dann seine Ursprungsfamilie suchen gegangen, von denen niemand überlebt hat. Und war noch vor uns in Wien. Theresienstadt ist von den Russen befreit worden, wir kamen erst später nach Wien.«

Die Auswirkungen dieser Horrorzeit auf die Familie waren massiv: Die mittlerweile 17-jährige Schwester wollte nach der Nazi-Zeit sofort weg nach Israel. Aber der Vater konnte nicht weg aus Wien. Der sei an Auschwitz zerbrochen. Und er hätte, wo immer er hingekommen wäre, sein Studium frisch nostrifizieren müssen, das hätte er nicht mehr geschafft, sagt Liese Scheiderbauer. »Die Mama hat dann probiert, diese Familie zusammenzuhalten, hat die Helga in die Maturaschule gesteckt, der Papa wurde wieder Polizeiarzt, es hat ja keine Polizeiärzte gegeben, weil das lauter Nazis waren, sie haben ihm sofort wieder einen Job gegeben.«

Später hat Liese Scheiderbauer in eine bürgerliche Familie hineingeheiratet. Ihre Schwägerin habe zu ihr gesagt, die schönste Zeit ihres Lebens sei die beim BDM, beim Bund Deutscher Mädchen, gewesen. »Und Juden stinken, hat sie gesagt. Ich halte das aus, ich halte alles aus! Ich halte wirklich alles aus!«

Aber jahrelang sei die KZ-Überlebende, die sehr oft in Schulen über diese unmenschliche Zeit berichtet hat, mit tausend Schweizer Franken im Portemonnaie herumgelaufen, damit sie sich notfalls ein Taxi nehmen und das nächste Flugzeug in die Schweiz besteigen könne. Das habe sie in letzter Zeit aufgegeben, denn sie würde ihren bettlägerigen Mann nicht mitnehmen können. »Und es ist mir für mich persönlich wurscht.« Aber dass sich die Zeiten bei uns jetzt geändert haben, das spüre sie. Und manches könne sie wiedererkennen, was ihr aus ihrer Kindheit nur allzu bekannt sei.

»Ich fremdle mit dem Begriff ›fremd‹«

Erich Schmid, geboren 1955 in Wien, aber auf dem Land aufgewachsen, ist von Geburt an vollblind. Der verheiratete Familienvater ist Professor und Oberstudienrat am Bundes-Blindenerziehungsinstitut in Wien.

»Das Wort ›fremd‹ hat eine sehr niederschwellige Bedeutung für mich. Ich habe unter anderem Germanistik studiert und wenn man die verschiedenen Bedeutungen von ›fremd‹ nimmt, dann kann das zum Beispiel etwas Unheimliches sein. Das gibt es auch für mich. Irgendein unheimliches Geräusch oder vielleicht auch eine unheimliche Begegnung, wo ich nicht alles deuten kann«, erläutert der heitere Mann, der sich nicht am Äußeren einer ihm unbekannten Person orientieren kann. Umso mehr aber kann er auf seine anderen Sinne vertrauen.

»Auch Kinder fremdeln, weil sie eine Nicht-Bezugsperson vielleicht als unheimlich oder andersartig empfinden. Das würde ich nicht als fremd bezeichnen. Aber mit diesem Schema wird gespielt: Fremd ist unheimlich. Fremd ist aber auch anders. Ja, das gibt es auch für mich. Wenn ich mit einer Japanerin japanisch essen gehe und da liegt ein Ei auf dem Tisch und ich denke mir, das wird ein hartes Ei sein und ich will das aufschlagen, aber sie hält mich zurück und sagt, das gehört in die Suppe, dann ist das anders und fordert zum Umdenken heraus. Bei ›anders‹ stellt sich ja die Frage: Wollen wir uns auf das andere einstellen? Aber umgekehrt: Es ist doch wunderbar, wenn ich da mit dem Ei etwas dazugelernt habe. Noch dazu gibt es das ja auch bei uns, dass man ein Ei in die Suppe schlägt. Ich habe nur damals in dieser Situation nicht damit gerechnet.«

Das Fremde sei einfach das Unbekannte. Das Anderssein, das sprachliche Anderssein, das vielleicht Ängstigende durch das Auftreten eines anderen, führe erst in zweiter Linie zum Thema Fremdheit. »In erster Linie denke ich mir: Aha, der spricht anders, oder puh, der macht mir Angst, oder oh, das ist irgendwie ungewohnt, wie der sich verhält. Wenn mir ein Österreicher beim Händedruck eine besondere Fingerstellung gibt, dann frage ich mich, was will der damit? Das war bestimmt irgendein Zeichen, dass diese Person zu einer Fraktion oder wo auch immer dazugehört. Aber erst danach kommt der Gedanke, das ist anders. Ich habe nicht zuerst den Gedanken, ui, das ist fremd, und dann erst, was mache ich damit. Ich fremdle mit dem Begriff ›fremd‹. Der wird ja auch so missbraucht. Was heißt denn fremdgehen? Ich denke«, sagt Erich Schmid lachend, »für denjenigen oder diejenige, die fremdgeht, ist das etwas Spannendes, Aufregendes, da bedeutet ja der Fremde Abenteuer. Es gibt auch den Fremden als kulturelles Abenteuer. Ich bin jemand, der sehr viel gereist ist und weiterhin reist und der immer langsam reist. Eine Stadt aufzunehmen, akustisch, olfaktorisch, das ist unglaublich interessant. Ich bin mit meinem Vater mit dem Rad von Wien bis nach Istanbul gefahren, mit dem Tandem, ein wunderbares Erlebnis, durch so viele Länder, wunderbar! Wir sind auch nach Paris gefahren.«

Die Bilder liefere ihm die Akustik, auch wenn sein Vater manchmal ausgerufen habe, »welch schöne Landschaft!«. Aber wenn man in der Türkei durch eine Schafherde, die sich auf der Straße befindet, mit einem ziemlichen Tempo bergab fahre und dann der Schafhund hinter einem her renne, »da brauche ich keine Bilder! Da reicht, was ich gehört habe!« Ob denn ein Hirtenhund bissig sei? »Keine Ahnung«, lacht Erich Schmid, »in meiner Vorstellung war er es!«

Oft bekomme er die Frage gestellt, »›welche Bilder haben Sie?‹. Das Bild entsteht aus der Stimme, dem Händedruck, dem Geruch, was gesagt wird und wie es gesagt wird. Ich habe halt nur vier Sinne, Geschmack geht ja nicht bei sogenannt Fremden«, lacht er. »Also habe ich die Akustik, die Nase, den Tastsinn und natürlich auch den ›sechsten Sinn‹, auf Wienerisch das G'spür.«

Für ihn bilde sich der Begriff »fremd« erst dann, wenn er vorher bereits einen anderen Zustand erlebt habe. Ein Erlebnis gehabt habe, dass jemand eine andere Sprache spreche, vielleicht kulturell anders sei, vielleicht anders rieche, sich anders verhalte. Erst dann, also in zweiter Linie, käme der Überbegriff »ein Fremder« ins Spiel.

»Das Aussehen kann ich ja nicht beurteilen. Aber der erste Eindruck ist meist ziemlich korrekt, so wie das auch beim Sehenden ist. Ein Beispiel: Ich war bei einer Lehrerfortbildung, da ging es um den ersten Eindruck, den ja auch ein Lehrer bei einer neuen Klasse oder bei Eltern hat. Wir hatten am Anfang ein Spiel zu spielen, da wurden Dreiergruppen gebildet, die sollten sich im Sesseldreieck zusammensetzen und den anderen beiden über ihren ersten Eindruck berichten. In meiner Gruppe waren zwei Damen. Da waren Aufgabenstellungen wie Alter, Hobbys, Familienstand der beiden zu beurteilen. Ich war sehr präzise. Nicht alles ahnte ich, aber vieles.«

Er orientiere sich am Handgeben oder wie ihn jemand zu seinem Sessel führe, da gebe es Körperkontakt, der ihm die Größe einer Person verrate. »Durch das Handgeben kann man ungefähre Schlüsse ziehen, ist das jetzt so eine fette schwabbelige Hand oder eine kräftige. Und natürlich auch der Körpergeruch, also entweder wenig Geruch oder parfümiert wie eine Gerichtsmedizinerin, die das Lysoform überdecken will. Und die Stimme ist natürlich auch lehrreich. Das reicht, um eine relativ präzise Aussage zu machen.«

Es sei nicht wirklich ein Klischee, dass Blinde nicht durch so genannte Äußerlichkeiten abgelenkt sind, aber auch sie könnten abgelenkt werden, wenn auch nicht durch optische Äußerlichkeiten. »Wenn zum Beispiel eine hysterische Stimme mich fragt, ob sie mich führen kann, dann bin ich auch abgelenkt, die Ablenkung weist mich auf eine ganz bestimmte Persönlichkeit hin. Bei einer so hysterisierten Person würde ich mir nur sehr vorsichtig helfen lassen, wenn kein anderer da ist. Ich würde mir schon über die Straße helfen lassen, aber ich würde meine Sensorien nicht von 100 auf 30 herunterfahren.«

Der Germanist weiß natürlich, dass die Alten Griechen fremd als »barbaroi« bezeichneten, was eine Überheblichkeit des antiken Volkes gewesen sei. Auch im antiken Griechenland hatte dies die Bedeutung von »minder«, »aber nicht so wie bei uns, wo die Barbaren als grauslich, blutrünstig, primitiv gelten. In der Antike existierte absoluter Sprachzentrismus auf die eigene Nation. Es gab einen Zusammenhang zwischen der Sprache und dem eigenen Selbstbewusstsein, das kann man schon im Alten Testament nachlesen. Sprache war damals ein Bestandteil der nationalen Identität. Nur: Was ist eine Nation? Österreich ist keine Nation, sage ich aufgrund meines Geschichtsstudiums, und alles, was man in diese Richtung aufbaut, ist eigentlich sinnlos. Ich meine das nicht im Haider'schen Sinne einer ›Missgeburt‹. Das war eine der typischen Schwarzweißmalereien: Entweder man ist eine – große – Nation oder man ist eine Missgeburt. So kann man das sicher nicht sehen. Es gibt österreichische Besonderheiten, aber die gibt es in den einzelnen Provinzen, da gehört auch die Sprache dazu. Sprachlich müsste man Bayern als Bundesland dazunehmen, denn wir alle, mit Ausnahme der Vorarlberger, sprechen südbayerisch.«

Auf unserem Kontinent wäre ein Europa der Regionen logisch und die Staatsgrenzen darin seien unlogisch. »Wir haben zum Beispiel mit dem Blindeninstitut ein Projekt zwischen Niederösterreich und Südmähren gemacht. Wir haben uns das Grenzgebiet von Mikulov/Nikolsburg erwandert und haben die Weinkultur kennengelernt. Ich stamme aus dem Weinviertel, mein Vater war Direktor einer Winzergenossenschaft und ich kenne mich daher mit Weinkultur relativ gut aus. Ich konnte auf dieser Projektreise keinen Unterschied beim Kultivieren des Weins feststellen, diesseits und jenseits der Grenze gibt es die gleiche Kellerkultur, die gleichen Techniken, werden die gleichen Stoffe verwendet. Da würde sich eine Region total gut machen. Geht aber nicht, weil man die Leute heute fast nicht mehr versteht, die können nicht mehr so gut Deutsch wie vor 40, 50 Jahren und wir nicht Tschechisch.«

Debatten über Kleidung, wie sie so häufig über so genannte islamische Kleider geführt werden, seien für ihn nicht sonderlich relevant, wiewohl auch er viel Stoff am Rascheln erkenne. Überhaupt geben Oberflächen akustische Informationen, ein unterschiedliches Echo. »Ich kann akustisch beim Gehen unterscheiden, ob da jetzt ein Zaun ist oder eine Mauer oder eine Hecke. Bei Kleidung ist es ähnlich, der viele Stoff des Ministrantengewandes oder das einer Nonne gibt ein anderes Echo als typische Straßenkleidung. Ich weiß nicht, wie sehr Kleidung das Aussehen verändert. Ich bin ein begeisterter Ablehner von Anzug und Krawatte, ich sage dann immer, ich bin in Verkleidung. Das hat nicht nur mit meiner Blindheit zu tun, ich finde es einfach unpraktisch. Ich kann nicht ermessen, ob ich jetzt um so viel schöner wäre im Anzug. Kleider machen bei mir noch nicht unbedingt Leute. Das Verhalten macht Leute, das Verhalten im umfassenden Sinn. Das beginnt bei einem kontrollierten Einsatz der Stimme, geht damit weiter, wie die Person mit mir umgeht, vom Händedruck angefangen. Das macht den Menschen, da entsteht das Bild vom Menschen.«

»Was ist schon fremd?
Es kann einem auch fremd sein,
wie jemand nebenan lebt«

Christian Ultsch, geboren 1969 in Wien, ist seit 1997
außenpolitischer Redakteur bei der »Presse« und leitet seit
2004 das Ressort Außenpolitik, seit 2009 auch die »Presse
am Sonntag«. Der Magister der Politikwissenschaft war
mehrmals im Ranking des Magazins »Der Journalist«
Außenpolitik-Journalist des Jahres. Mit dem Fremden hat
der zweifache Vater in seiner eigenen Herkunftsfamilie
Bekanntschaft gemacht.

Fremd sei das, was man nicht kenne, was neu sei. »Deswegen ist es auch interessant, es kennenzulernen, weil es für einen selbst, für das eigene Leben bereichernd ist, etwas Neues kennenzulernen. Wenn ich mich nie dem Fremden stelle
oder das Fremde suche, dann werde ich wahrscheinlich mein
Leben lang in meinem eigenen Saft braten. Das mag zwar be-
haglich sein, aber für mich ist das eine ziemlich unerträgli-
che Vorstellung.«
Sowohl die persönliche wie auch die gesellschaftliche Wei-
terentwicklung sei nur möglich, wenn man offen bleibe für
neue Erfahrungen und das Neue sei eben immer das Fremde,
sagt der große, langbeinige, eher leise, verbindliche Mann.
»Ich kann allerdings nachvollziehen, dass man vor dem
Fremden auch Spundus, Angst, Respekt haben kann. Dass
die Sinne geschärft sind, wenn man in einer fremden Umgebung ist und Neues erlebt, hat den Vorteil, dass man aufnah-

mefähiger ist. Das ist aus meiner Sicht ein ganz normaler Reflex im Umgang mit dem Fremden, dem nicht Bekannten. Es ist auch eine schöne Erfahrung, Schwellen oder Hemmnisse zu überwinden und sich dem Neuen, dem Perspektivenwechsel auszusetzen, es macht das Leben reichhaltiger, sich nicht in den eigenen vier Wänden zu verkriechen.«

Das Interesse müsse gar nicht durch Erfahrung geweckt werden, es könne durch Lektüre geweckt werden, durch das Radio, das Fernsehen. Da erfahre man interessante Dinge über ein anderes Land, »und dann möchte man es gern mit eigenen Augen sehen, bereisen. Bei mir war es eine glückliche Fügung, dass ich als Journalist die Chance erhalten habe, relativ viel zu reisen. Ich empfinde das als Privileg. Viele können das nicht, die können, wenn sie genug Geld haben, nur in ihrer Urlaubszeit reisen. Aber das ist eine andere Form des Reisens, wenn man sich in ein Land begibt und sich dort an den Strand legt und die Zeit mehr oder minder in einer vertrauten Umgebung verbringt. Das hat mit Reisen relativ wenig zu tun. Beim Reisen sucht man ja vor allem den Kontakt mit den Menschen aus dieser anderen Kultur und versucht, neue Perspektiven zu bekommen, das ist das Interessante, zu sehen, wie andere Menschen leben. Für mich war es etwa sehr eindrucksvoll, im Südsudan zu sein, in einem Land, in dem gar nichts funktioniert. Das ist ja eigentlich kein Staat, das war von Anfang an ein gescheiterter Staat. Dort mit Menschen in Kontakt zu kommen und zu erfahren, welche Ansichten die haben, ist interessant und relativiert viele kleine Ärgernisse, die man in Österreich haben mag. Ich glaube, dass man durch Reisen vielleicht auch gelassener werden kann. Die Welt wird größer, wenn man unterwegs ist.«

Christian Ultsch hat, wie er plötzlich während des Interviews mitteilt, persönlich eine interessante Erfahrung mit dem Fremden gemacht in der eigenen Familie. »Ich wusste nur, dass mein Großvater Russe ist, ich wusste, dass er Besatzungssoldat war, aber seine Identität war nicht geklärt. Meine Großmutter hatte nur ein Foto von ihm, da stand auf der Rückseite halb kyrillisch, halb lateinisch Nikolaj Jewdokimow drauf. Mein Vater hat versucht herauszufinden, wer sein Vater war, relativ intensiv in den 1960er- und 1970er-Jahren. Aber das war damals, zu Zeiten des Eisernen Vorhangs und des Kalten Krieges, aussichtslos. Es gab zwar eine Organisation, die solche Kontakte hinter dem Eisernen Vorhang zu knüpfen versuchte, aber es gelang nicht.« Nach dem Ende der Sowjetunion Ende 1991 hat in Österreich durch das Boltzmann-Institut für Kriegsfolgen-Forschung, speziell durch Stefan Karner und Barbara Stelzl-Marx, die wissenschaftliche Aufarbeitung begonnen. »Mich hat das natürlich auch interessiert, wer mein Großvater war. Seinetwegen hatte ich mich in der Gymnasiumszeit sogar entschieden, Russisch zu lernen, das war so ein sentimentaler Grund. Dann sah ich einmal im österreichischen Fernsehen, dass es im russischen Fernsehen eine Such-Sendung mit Familienzusammenführungen gab. Da kontaktierte ich Frau Stelzl-Marx, die auch ein Buch mit dem Titel ›Besatzungskinder‹ geschrieben hat. Mein Vater und ich trafen sie im Kaffeehaus, denn da hat auch meinen Vater der Ehrgeiz gepackt. Eines Tages rief mich mein Vater an und sagte, man habe herausgefunden, wer sein Vater war. Er sei leider schon gestorben, aber er habe zwei Töchter, beide würden leben. Ich habe jetzt also zwei russische Tanten.«

Mit seinem Vater fuhr Christian Ultsch nach St. Petersburg, »die waren rührend, haben uns gleich umarmt bei der Begrüßung, obwohl wir einander ja gar nicht kannten, und haben schon auf den Flughafen Fotos des Großvaters mitgebracht.

Dieser Großvater hatte eine kleine Biografie geschrieben mit dem Titel ›Mein Leben‹. Darin beschrieb er, wie er aus Pskow, einem kleineren Ort ungefähr 200 Kilometer von St. Petersburg, damals Leningrad, entfernt, mit seiner Familie vertrieben wurde. Diese hatte ein kleines Bauerngut, das nicht so groß war, dass sie ermordet wurden. Er hat in diesen Aufzeichnungen den Grundriss dieses Bauernhofs aufgezeichnet und beschrieben, wie er studiert hat und wie das damals war, bei der Belagerung von Leningrad. Das war für mich interessant, denn dadurch hatte ich in der Familie zwei Perspektiven von ein und derselben Geschichte. Der eine Großvater hatte in der Wehrmacht gekämpft und der andere war in Leningrad eingeschlossen, wo auch Geschwister von ihm verhungert sind. Das heißt, das hat auch einen Teil meiner Familie getroffen.«

Der russische Großvater sei dann über den größten See Europas, den Lagodasee, der zugefroren war, aus Leningrad ausgebrochen und habe sich der Roten Armee als Arzt angeschlossen.

»Als er nach Kittsee gekommen ist, hat er meine Großmutter kennengelernt und sie haben sich offenbar ineinander verliebt. Meine Tante kann sich noch an ihn erinnern. Er muss ein sehr netter Mann gewesen sein. Das war natürlich auch eine fremde Welt für mich, diese russische Seite kennenzulernen. Und auch, wie sie die Zeit der Sowjetunion betrachtet haben und wie sie den Krieg erlebt haben. Tante Nina ruft mich immer zum Geburtstag an und wir wechseln mit meinem Schulrussisch ein paar Sätze. Die zweite Tante lebt in Moskau und dort habe ich einen Cousin, der schaut genauso aus wie ich, das ist unglaublich, ich habe einen Doppelgänger. Das Fremde kann auf einmal auch ganz nah kommen!«

Der erfolgreiche Journalist findet es sehr interessant, eine Sache aus zwei Perspektiven zu betrachten. Das sei oft möglich, wenn man sich mit Menschen aus anderen Kulturen oder anderen Lebensverhältnissen auseinandersetze. »Was ist schon fremd? Es kann einem auch fremd sein, wie jemand nebenan lebt. Und du kannst falsche Vorstellungen darüber haben. Man läuft ja mit vielen Klischeevorstellungen herum. Es ist interessant und bereichernd, diese Klischees auf ihren Wahrheitsgehalt abzuklopfen und andere Lebensrealitäten kennenzulernen. Da hatte ich in meiner Familie immer einen recht weiten Erfahrungsbogen, dadurch konnte ich mich in den verschiedensten Milieus immer ganz gut bewegen. Das kommt einem dann auch zugute, wenn man sich unbekannten Situationen aussetzt. Aber ich würde auch niemandem Verachtung entgegenbringen, der sich diesen Situationen nicht stellen will, weil ihm das Nahe und Vertraute so lieb ist. Ich würde mir denken, der versäumt jetzt vielleicht einiges, der verzichtet freiwillig auf viele Erfahrungen, die er sammeln könnte, der verzichtet eigentlich auf einen Teil seines Lebens. Aber wenn er das so vorzieht, soll es so sein. Man kann ja niemanden zwingen, das eigene Haus oder den eigenen Garten zu verlassen. Man kann es zwar fördern, etwa durch Schulförderprogramme, das finde ich gut. Oder indem man versucht, Kontakte über Grenzen hinweg herzustellen. Es studieren ja dank der EU und dem Erasmus-Programm mehr Jugendliche denn je im Ausland. Es ist auch viel einfacher geworden zu reisen, das ist fantastisch, wie günstig das wurde und wie viel weniger beschwerlich. Als ich Student war, war es fast unmöglich, sich eine Flugreise zu leisten. Interrail, also das grenzübergreifende Bahnticket, war damals eine tolle Sache.«

Für unsere Gesellschaft und für unsere Wirtschaft sei es enorm wichtig, sich dem Fremden zu stellen, meint Christian Ultsch. Es kehre heute jedoch diese Vorstellung zurück, dass man auch ganz gut vorankommen kann, wenn man sich der Außenwelt gegenüber nicht öffnet. »Ich bin hundertprozentig überzeugt, dass diese Konzepte der Autarkie und des nationalstaatlichen Weiterkommens absolut in die Irre führen. Und dass unser Wohlstand darauf beruht, dass wir seit Jahrhunderten Handel treiben mit anderen Nationen, mit Fremden, und dass unser Reichtum auf diesem Kostenvorteil beruht. Es ist sehr wichtig, dass wir in jeder Hinsicht offene Gesellschaften bleiben, sowohl was den Einzelnen betrifft als auch die Wirtschaft. Wenn wir damit aufhören, ist das ein Konzept für die Verarmung. Deshalb halte ich diese Abschottungstendenzen für absurd und für gefährlich. Das hat schon einmal in die Irre geführt und ich finde, man soll Fehler, die es schon einmal gab in der Geschichte, nicht wiederholen. Und derzeit gibt es zumindest Anzeichen dafür, dass man wieder eine ähnliche Richtung einschlagen könnte. Das hielte ich für katastrophal.«

»Ich war immer fremd, überall«

Lojze Wieser, 1954 in eine slowenische Familie in Kärnten hineingeboren, ist gelernter Buchhändler und seit Jahrzehnten Verleger für Literatur aus dem südost- und südeuropäischen Raum. Für seine Verdienste als kultureller Brückenbauer erhielt Wieser, der sich auch als Autor einen Namen gemacht hat, 2004 den Berufstitel Professor, den er aber nie erwähnt.

»Die Fantasielosigkeit, die Dummheit und die nicht vorhandene Neugier, die sind mir fremd. Das Fremde an sich ist ja nichts Negatives, denn etwas, das ich nicht kenne, ist mir einfach unbekannt. Wenn ich dem nähertrete, wenn ich Neugierde habe, dann kann ich das Störende, das mich vielleicht Irritierende oder mich vielleicht auch Bereichernde erkennen«, sagt der grauhaarige, bärtige Hüne mit der melodiösen Stimme, in der das weiche Kärntnerische mitschwingt, obwohl Slowenisch seine Muttersprache ist. »Wobei ich selber immer fremd war, überall.«

Warum wir heute so verschlossen, mit Scheuklappen durch die Welt gehen würden, habe wahrscheinlich eine Reihe von Komponenten, von sozialen und politischen, von verunsichernden Entwicklungen als Grund. »Aber wir hätten auch Möglichkeiten, auf solches positiv zu reagieren.« Man nehme nur das Beispiel Kärnten und den jahrzehntelangen Kampf zwischen Kärntnern und Kärntner Slowenen her. »Hundert Jahre Verstörung im Zuge der Nationalstaatlichkeit und des Chauvinismus hat es gegeben. Aber durch ein Aufeinander-

Zugehen und durch eine Teillösung bei den zweisprachigen Ortstafeln ist es gelungen, dass dieses Problem als das alles Bestimmende, das Dominierende und das Trennende, vom Tisch ist. Auch wenn von den 1000 Ortstafeln dann nur 164 zweisprachig benannt worden sind. Jetzt muss man mit den Menschen in den Gemeinden reden und dann kann man von Ort zu Ort auch die Ortstafeln erweitern. Die Frage des Auf-einander-Zugehens, des Kennenlernens, der eigenen Verant-wortung wird durch eine neue, positive Entwicklung genährt. Früher einmal – wie das Beispiel Kärnten zeigt – hatten wir ein geschlossenes Territorium, was Sprachen betraf. Heute verschiebt sich die Sprache zum Individuum und das Terri-torium existiert nicht mehr.«

Genau so sei es mit den Menschen, die zu uns kommen. Sie kommen ohne unsere Sprache her, aber wir würden ja die technischen Voraussetzungen haben, um alle miteinander kommunizieren zu können. »Wir brauchen nur neben den Sprachen der Nachbarn, die wir nach Möglichkeit erlernen sollten, sodass wir kommunizieren können, noch ein, zwei oder drei Weltsprachen, damit wir uns verständigen können und mit denen wir dann alle Probleme diskutieren. Nur ei-nes können wir nicht machen: Wir können nicht eine Ein-heitssprache in der Welt umsetzen. Ich kann nicht von einem tschechischen Schneider verlangen, dass er in gebrochenem Englisch, mit 800 oder 900 Wörtern, seine Sorgen und Ge-fühle ausdrückt. Er wird es auf Tschechisch machen. Deswe-gen wäre es sehr vorteilhaft, in jedem Land in der Verfassung festzuhalten, dass jeder Mensch das Recht auf einen Dolmet-scher hat«, meint Lojze Wieser, der seinerseits ansatzlos vom Deutschen ins Slowenische und wieder zurück ins Deutsche wechseln kann und in beiden Sprachen gleichermaßen zu Hause ist.

In Kärnten habe vor 100 Jahren jeder Dritte Slowenisch gesprochen. Heute ist es jeder 44. Das Bundesland habe mehrere Ereignisse hinter sich gebracht, die zu dieser Entwicklung führten: Die Kärntner Volksabstimmung 1920, die zur Folge hatte, dass alle Slowenisch sprechenden Intellektuellen das Land verlassen mussten und die Sprache diskreditiert und in die Hinterhöfe gedrückt wurde; weiters eine wirtschaftliche Degeneration, durch die der Bauernstand zertrümmert worden sei, und der war der Träger des Slowenischen; dann habe es den Faschismus gegeben, in dem der Widerstand, die Partisanen, zu größeren Feinden erklärt worden seien als die Faschisten, die die Slowenen aus dem Land vertrieben hatten, mit dem erklärten Ziel, alle Slowenisch sprechenden Menschen auszusiedeln. Dieser dunklen Zeit sei eine Aussiedlungsbewegung gefolgt, die stecke den Menschen noch heute in den Knochen.»Und wir haben eine assimilative Politik, die von allen Parteien, von den Sozialdemokraten bis zu den Blauen, gemacht wurde. Und wir haben bis heute einen Dreiparteienpakt, der noch immer nicht aufgehoben worden ist, der sich gegen das Slowenische gewandt hat, obwohl sich in den vergangenen drei Jahren das Klima zum Positiven gewandelt hat. Das heißt, die Menschen haben mehr oder weniger nur unter Angstzuständen, im Privaten, versteckt, ihre Sprache verwendet. Mittlerweile ist die Entwicklung so, dass das Territorium, in dem die Slowenen gelebt haben, vollkommen durchlöchert ist, es gibt nur noch einzelne Inseln. Das Dorf, in dem ich aufgewachsen bin, Tschachoritsch, slowenisch Čahorče, war in meiner Kindheit zu 98 Prozent slowenisch, heute ist es zu 98 Prozent Deutsch sprechend.«

Damals konnten auch nicht alle 98 Prozent Deutsch.»Meine Mutter erzählte von einem ÖVP-Bürgermeister, der in den 1950er-Jahren seine Mutter, die ausschließlich Slowenisch sprach, in die Küche gesperrt hat, als eine Delegation zu Besuch kam, weil er nicht zugeben wollte, dass seine Mutter nicht Deutsch spricht.«

Die Menschen hätten aber immer mehr Deutsch gelernt, weil sie ja in die Stadt arbeiten gingen, so wie auch Lojze Wieser in der Volksschule Deutsch gelernt hat.»Ich bin mit Slowenisch aufgewachsen und Deutsch ist meine Zweitsprache. Auf den Punkt gebracht, kann man Folgendes sagen: Das slowenische, geschlossene Territorium existiert nicht mehr, von dem jede Minderheitenpolitik 100 Jahre lang ausgegangen ist. Die Menschen sind freier, offener und beweglicher geworden. Die Sprache, die das Rückgrat jedes Menschen ist, wie ich behaupte, ist eine Sprache, die nicht mehr als nationales oder ethnisches Problem behandelt werden kann, sondern die als demokratisches Problem und als Frage der Umsetzung der demokratischen gesellschaftlichen Regeln behandelt werden muss. Demokratie heißt, jedem Menschen seine Kultur und seine Sprache zu gewähren. Es ist eine schwierigere Aufgabe, sich tagtäglich dafür zu entscheiden und sich dafür auch einzusetzen. Das kann nur bewusst geschehen.«

Interessant sei, dass heute in Kärnten fast jedes zweite Kind in der Volksschule zum Slowenisch-Unterricht angemeldet wird. Zum Teil seien das Kinder aus der zweiten, dritten Generation.»Es gibt ja niemanden in Kärnten, der nicht eine slowenische Großmutter hätte ...« Und diese Menschen würden nun ihre Wurzeln suchen. Die Sprache sei nur nicht mehr wie früher im öffentlichen Raum zugegen. Die sei jetzt im freien Radio AGORA zu hören oder hin und wieder im Fernsehen mit Untertiteln zu sehen.

»Für den Slowenisch sprechenden Kärntner ist der Deutsch sprechende weniger fremd als umgekehrt. Man stößt noch immer auf Menschen, die irritiert sind, wenn jemand Slowenisch spricht. Aber mittlerweile wird diese in Kärnten vorhandene Minderheitenproblematik von anderen Fragen überdeckt. Mittlerweile sind die autochtonen Minderheiten ›unsere‹ geworden. Die Skurrilität geht ja so weit, dass, wenn jetzt andere Menschen mit anderen Sprachen herkommen, dann hat man die eigenen, die man hundert Jahre gepiesackt hat, schon wieder gern. Wenn der Syrer kommt, wird der Slowene sympathisch«, lacht Lojze Wieser.

Slowenisch sei eine der ältesten Sprachen in Europa, wo es etwa 400 lebende Sprachen gebe, davon seien 200 autochtone und 200 zugewanderte Sprachen. Das seien alles echte Sprachen, nicht Dialekte. »Wir haben knapp 50 Staaten, das bedeutet, statistisch werden in jedem Staat sieben oder acht Minderheitensprachen gesprochen und damit ist die Mehrheit eigentlich die Minderheit«, rechnet der Sprachenkenner belustigt vor.

Sein Fachgebiet, die Balkan-Literatur, sei deshalb hierorts so wenig bekannt, weil es über Jahrhunderte keine Tradition der Übersetzung aus diesem Raum gegeben habe. »Heute ist auch Ivo Andrić nicht mehr jedem ein Begriff. Ich habe Andrićs Dissertation, die er 1924 in Graz auf Deutsch geschrieben hat, 2011 herausgebracht und viele Leute haben bei den Buchpräsentationen gefragt, wer Ivo Andrić ist. Sie wussten nicht, dass er Literaturnobelpreisträger war.«

Von 1860 bis 1980 habe es aus dem südosteuropäischen Raum knapp 300 Übersetzungen gegeben, aus vier Sprachen: dem Slowenischen, dem Kroatischen, dem Makedonischen und dem Serbischen. Davon seien in der Monarchie rund 15 erschienen, in der Zwischenkriegszeit etwa genauso viele, während des Zweiten Weltkrieges drei und der Rest danach. Von diesem Rest sei der Großteil in der DDR erschienen, nicht im Westen. »In der Zeit von 1945 bis 1980 sind aus der polnischen Literatur etwa 1000 Bücher übersetzt worden. Mir sagte einmal ein Verleger, sie hätten in Polen ökonomische Interessen, deswegen hätten sie das getan. Der andere Teil der Geschichte: Man hat den südosteuropäischen Raum immer als eine Art Ablage betrachtet. Man hat ja nicht nur in Bosnien die ersten Straßenbahnen ausprobiert, ich will ja nicht sagen ›an den Untermenschen‹, man hat auch die Psychoanalyse in Wirklichkeit als erstes dort ausgetestet, ehe sie in Wien von Freud und Co. angewendet wurde. Man hat dieser Region gegenüber immer auch Machtinteressen gehabt. Die österreichisch-ungarische Monarchie hat gegenüber dem Osmanischen Reich einen Cordon gemacht und brauchte Menschen, die diesen Cordon auch verteidigen, weswegen es die Krajina gibt. Kraj heißt Grenze. In dieser Region sind auch der orthodoxe Katholizismus und das Römisch-Katholische aufeinander gestoßen und das Abendland auf das Morgenland. Wir haben da tektonische Linien gehabt, die die gesamte europäische Politik über Jahrhunderte beeinflusst haben. Man hat sich den Raum erobert, aber die Kultur dort in Wirklichkeit nicht haben wollen. Deswegen hat man die Übersetzung von Büchern aus dieser Region nicht gemacht.«

Für diese so vielfältige Region wie überhaupt gelte, dass ein Teil der Neugier für die Kultur und die Menschen zerstört worden sei, weil man permanent Falsches behaupte. »Wenn die Öffentlich-Rechtlichen und die Medien und die Politik sich nicht dessen bewusst sind, dass sie fundiertes Wissen so aufbereitet bringen müssen, dass die Menschen dahinter auch ein Leuchten sehen, wird die Neugier abgestumpft. Und wenn die ökonomische Krise in einem Land so verschärft wird, dass die hiesigen Menschen und die in früherer Zeit als Gastarbeiter zugewanderten Menschen sich gefährdet fühlen in ihren Arbeitswelten, weil sie zu teuer sind, weil sie durch neue ersetzt werden können, werden sie aufgrund der Tatsache, dass sie voneinander relativ wenig wissen, in eine Situation gedrängt, wo sie nicht miteinander umgehen können. Dafür verantwortlich sind unter anderem auch die Gewerkschaften und die Wirtschaftsverbände, denn diese hätten von Anfang an, als sie die so genannten Gastarbeiter herholten, auch während der Arbeitszeit den Menschen eine halbe Stunde oder eine Stunde pro Tag die hiesige Sprache beibringen können, damit die Arbeiter und die Angestellten sich miteinander verständigen können. Dann wäre die Spaltung anders verlaufen, dann wäre klarer gesehen worden, wer gegen wen steht.«

Die Chance, die heutzutage das Internet als potenzieller Ort des Wissens biete, könne durch Beharrlichkeit genutzt werden, aber eben nur durch Beharrlichkeit und Kenntnisse. »Wenn man nur noch Häppchen angeboten bekommt, Schlagzeilen und Überschriften, wird es zu keinem Erfolg führen. Wenn ich Postings lese zu irgendwelchen guten Artikeln, dann registriere ich in erster Linie die der Dummen, die melden sich als erste zu Wort. Warum jemand hinauskotzt, was er nicht weiß, mag damit zusammenhängen, dass die Aufmerksamkeit, die den Menschen in der derzeitigen Gesellschaft gegeben wird, sehr gering ist, und sie glauben, durch überspitzte Formulierungen wenigstens eine Sternschnuppe an Aufmerksamkeit zu erhaschen. Nach Vulgärem und dem Hakenkreuz ist jetzt das große Kotzen dran. Und viele glauben, dass sie, wenn sie zwei Finger betätigen können, auch schon schreiben können.«

»Das Fremde wird benutzt, um die eigene verunsicherte Identität zu behaupten«

Johannes Voggenhuber, 1950 in Salzburg geboren, von 1982 bis 1987 Stadtrat in Salzburg, danach Bundessprecher der Grünen, Fraktionschef, Clubobmann, Europa-Abgeordneter von 1995 bis 2009. Sowohl im Grundrechte- als auch im Verfassungskonvent hat er parteiübergreifend viel Anerkennung erhalten und war Berichterstatter des Parlaments. Jetzt ist der wortgewaltige Hedonist Autor und Publizist.

Erstaunlich sei, dass es über das Fremde kaum Literatur gebe, auch keine philosophische, meint Johannes Voggenhuber. Für ihn sei das Fremde von frühester Kindheit an das gewesen, was ihn angezogen habe, »was ein Feuer für meine Neugierde war, Möglichkeiten, Lebensformen, die ich nicht kannte, kennenzulernen. Wenn man bedenkt, wie eng die elementaren Existenzbedingungen des Menschen zwischen Geburt und Tod sind, dann ist es unendlich aufregend, wie viele Formen zu leben sich für den Menschen auftun. Diese Grunderfahrung beschreibt für mich bis heute das Fremde.«

Das Fremde könne natürlich auch bedrohen. Es verlange nämlich von einem, neue Möglichkeiten zu entdecken. »Ich bin ja in Salzburg geboren, das ist relativ eingeschränkt. Hätte ich darin meine Identität gesehen, weil ich keinen Ausweg gefunden hätte, wäre ich nicht der, der ich bin. Ich wurde ja weiter, habe Länder und Räume in mir selber entdeckt.

›Die Freiheit ist nur ein Ausweg‹, schreibt Kafka. Dass die auch enorm sinnliche Erfahrung des Fremden auch Überforderung bedeuten kann: Ja. Ich ging zum Beispiel in Fès in Marokko durch die Kasbah und den Gewürzmarkt und die Düfte dröhnten in meinem Kopf. Da schleppte ein Esel einen Pfefferminzwagen vorbei, der Geruch war so intensiv, dass ich wochenlang keinen Pfefferminztee mehr getrunken habe, weil das Aroma in meinem Kopf fast schmerzte. Zehn Jahre später verwende ich auch marokkanische Gewürze«, erzählt Johannes Voggenhuber und lacht. »Das Kennenlernen ist ja kein undramatischer Akt, das passiert ja nicht nur zwischen zwei Menschen – Liebe hat auch immer eine bedrohliche Seite –, das passiert auch mit Dingen. Das Dechiffrieren ist nicht einfach. Das ist auch Auseinandersetzung, im schönsten Sinne des Wortes auch Arbeit. Und diese Annäherungen an das Fremde sind nicht ungefährlich, weil sie einen nicht unverändert lassen, weil sie einen verwandeln und weil damit beständig die eigene Identität auf dem Spiel steht.«

Ein Gefühl der Bedrohung durch das Fremde könne es schon auch geben. Diktatur sei ihm fremd, aber da sei er auch nicht neugierig darauf. »Ich bin nicht neugierig auf das, was die Conditio humana beschädigt, die Lebenswelten verunstaltet, den Menschen offen oder schleichend entwürdigt. Es gibt Kulturen, die mir restriktiver oder aggressiver erscheinen als andere. Die kann man entweder zum Feindbild machen oder sorgfältig sortieren. Das ist ein mühsamer Differenzierungsvorgang. Ich bin nicht allzu großzügig mit dem Wort ›fremd‹, weil ich dazu schon als Kind eine so positive Grundstimmung hatte. Mir ist auch etwas wie die FPÖ nicht fremd, das ist ja mir Bekanntes, das ich eben deshalb zutiefst ablehne. Fremd ist mir daran sehr wenig, denn auch die Dummheit ist mir nicht fremd, die Bosheit nicht und auch nicht die infame Ab-

wertung des anderen, um ihn im Verteilungskampf zu über-
wältigen. Mit dem Begriff ›fremd‹ verbindet sich für mich
also ein gewisser Anspruch.«

Für ihn, der erst von Salzburg nach Wien und dann nach
Brüssel gezogen ist, sei etwas Fremdes immer etwas zu Er-
kundendes, etwas, mit dem man sich auseinandersetzen
könne. Und von dem man auch das eine oder andere übernehmen wolle. »Das kann etwas sein, das einen mit einem
Schlag einnimmt oder etwas, in das man langsam hinein-
wächst. Ich bin ja viel gereist, war viel unterwegs und habe
immer gerätselt, warum es auch in Europa Erfindungen des
Lebens gibt, die ganz einfach zu übernehmen wären, aber bei
uns nicht nachgeahmt werden. Bei uns gibt es keine Tapas,
die Vielfalt ganz kleiner ›Hauptspeisen‹ für zwischendurch,
wie sie in Spanien üblich sind. So wie wir auch von einem
französischen Omelett oder dem köstlichen portugiesischen
Bacalao-Auflauf kaum eine Ahnung haben. Viele Küchen
in Europa kennen dagegen keine süße Mohnfülle, Zwetsch-
kenknödel oder auch Grammeln. Wir übernehmen viele Dinge nicht in unsere Kultur, die rund um uns zum täglichen
Leben gehören. Der Genuss wird im Gedächtnis eingefroren
bis zum nächsten Urlaub. Ich weiß nicht, welche Schwerkraft
der Gewohnheit, welche Trägheit der Identität für solche
Verweigerungen verantwortlich sind, warum die eigene Tradition zu Verengung und Abstoßung statt zur Erweiterung
und Bereicherung neigt. ›Heimat‹ steht so für Kontinuität
und die Sehnsucht nach dem ruhigen Fluss des Lebens, ver-
spricht Geborgenheit durch Abschluss. Das Fremde steht dagegen für die Freiheit. Es verheißt Verwandlung.«

Womit man bei der Identität angelangt sei, die ja sehr oft
mit Fremdheit in Verbindung gebracht werde und natürlich
auch damit zu tun habe, aber in Wahrheit auf höchst diffizile

Weise. Es gebe wenige Texte über Europa, die auch den Begriff der Fremdheit berühren, zum Beispiel Jacques Derridas »Das andere Kap« oder Paul Valérys »Die Krise des Geistes«. »Und beide kommen zu dem Schluss, Identität ist nicht das ungebrochene Selbst, sondern da ist auch etwas Fremdes enthalten. Kultur ist etwas Offenes. Ich bin auch dieser Überzeugung. Meine Identität ist das, was ich heute tue. Das gilt auch für Europa«, sagt Johannes Voggenhuber, mit dem ein Gespräch ohne das Thema Europa nicht vorstellbar ist.

Europa sei nicht einfach »in der Krise«, es sei in eine wahre Massenkarambolage von Krisen geraten: Wirtschaftskrise, Finanzkrise, Ukraine-Krise, NSA-Krise, Griechenland-Krise, Flüchtlingskrise, Vertrauenskrise, Identitätskrise. »Es geht doch offensichtlich um etwas, was mehr und mehr ausgeblendet wird, nämlich um die Vision einer gemeinsamen Zukunft Europas, seit es nach 1989 eine Schicksalswende erlebte. Da wurde Europa nach zwei Weltkriegen und der Shoah nach über vier Jahrzehnten völlig unerwartet auf Bewährung aus dem Gefängnis entlassen. Aus dem Gefängnis seiner historischen Schuld. Nach Jahrzehnten eines Gleichgewichts des Schreckens unter dem atomaren Patt von Supermächten. Und ich habe das Gefühl, es sehnt sich zurück. Es weiß nicht, was es mit sich und seiner Freiheit anfangen soll. Es ist, als ob eine tiefe Erschöpfung von Europa Besitz ergriffen hätte. In dieser Orientierungslosigkeit lassen die Regierungen und Eliten die Vision Europa fallen, ja, annullieren das Errungene, führen Europa ins 19. Jahrhundert zurück.«

Für ihn sei schockierend gewesen, zu sehen, wie zuerst in Osteuropa nach dem Zusammenbruch des Kommunismus eine Annullierung der Geschichte stattfand. »Das hätte ich nie gedacht. In Ungarn gab's plötzlich wieder eine Bauernpartei, in Polen funkte ›Radio Maria‹, es waren bis in die

Namensgebung hinein die politischen und gesellschaftlichen Verhältnisse von vor dem kommunistischen Regime da, das immerhin zwei Generationen verschlungen hatte. Etwas anderes hatten sie nicht. Der Zusammenbruch der Sowjetunion hat ja nicht nur ihre politischen Strukturen zerschlagen, sondern auch ihre wirtschaftlichen, ihre Bildung, ihre Identität. Was ihnen blieb, war das, was unmittelbar davor existiert hatte: der Nationalismus.«

In Westeuropa sei es, ohne dass man das registriere, genauso. »Die Europäische Union ist ja am Rande des Abgrunds von Auschwitz und zweier Weltkriege entstanden. Ab dann, schon wenige Jahre danach, ist die Vision der Europäischen Einheit abgebröckelt, Stück für Stück. 1947 in Den Haag wollte man noch die Vereinigten Staaten von Europa – gescheitert. 1952 wollte man die politische Union – gescheitert. Dann hat man gesagt, gut, gehen wir den Weg der kleinen Schritte. Kohle und Stahl, dann die wirtschaftliche Union, dann die politische. Aber in Wahrheit ist die Vision immer blasser geworden, bis es politische Eliten gab, die sich kaum mehr daran erinnern.«

Aber man könne mit Kohle und Stahl und einer Wirtschaftsunion keinen Funken im Herzen der Menschen schlagen. Weil es jedoch inzwischen offene Grenzen gab, weil es ein Bildungseuropa gibt, in dem junge Leute studieren, Leute quer durch Europa arbeiten und leben, ihre Pension an irgendeiner Küste verbringen, habe es begonnen, dass viele eine Herzensbeziehung zu Europa aufbauten. »Und dann – das gehört zu den skurrilsten Erlebnissen in der Politik –, als der Verfassungsvertrag vorlag und Frankreich Nein sagte aus Gründen, die ganz andere waren als europäische, und auch die Niederlande Nein sagten aus Gründen, die ganz andere waren als europäische, was haben die Regierungen dann geändert an der Verfassung? 95 Prozent der Vertragsinhalte wanderten in den Lissabon-Vertrag. Was wanderte nicht? Die Fahne, die Hymne und das Vorrecht des europäischen Rechts. Also Identifikationsmerkmale, das, womit sich die Menschen mit Europa hätten verbunden fühlen können.«

Der Nationalsozialismus sei ja ein Versuch der Selbstentleibung Europas gewesen, das am Ende dennoch irgendwie überlebt habe. »Und dann wurde es in Haft genommen in diesem Gleichgewicht des Schreckens, dem Kalten Krieg, wo es mit den großen Fragen nur in seiner Identität als Vasall oder als Trabant zu tun hatte. In Österreich waren wir überhaupt festgefroren in einer Falte des Eisernen Vorhangs und haben uns in einem skurrilen Trotz zur ›Insel der Seligen‹ erklärt. Dieses Konstrukt ist 1989 zusammengebrochen. Und was nun? Was tun? Da begann die Frage, die der französische Philosoph Jacques Derrida sehr ausführlich behandelt hat: Gibt es ein Zurück, eine Versöhnung mit dem Europa vor dieser Selbstentleibung, diesem großen Verbrechen, diesem Wahnsinn, oder muss es ein neues Europa geben? Wir sind alt, sogar buchstäblich alt, zweieinhalbtausend Jahre alt, und gleichzeitig unglaublich jung, weil es das Europa, das da sein könnte, sein müsste, sein sollte, noch gar nicht gibt. Weil es erst noch geboren werden muss. Doch dieser historische Bruch von 1989 führte zu einer völligen Desorientierung. Der sagenhafte wirtschaftliche Aufschwung, der uns selbst und der Welt eine ungebrochene Vitalität Europas vorgaukelte, war zu Ende. Eben weil wir noch nie so wenig Ahnung hatten von unserer Identität, fingen wir an, sie gegenüber dem Fremden jeden Tag zu beschwören. Und weil wir nicht die Kraft und den Mut aufbringen, die Vision Europa zu verwirklichen, landen wir wieder in dem, was wir am Abgrund von Auschwitz zu überwinden versprachen, im Nationalismus.

Wir brauchen das Fremde, um ihm gegenüber eine Identität zu behaupten, die es noch gar nicht gibt und von der viele nichts wissen wollen. Doch es ist unsere einzige. Dieses Loch, der Mangel an Vorstellung, was heute zu tun ist, weckt die Dämonen der Vergangenheit, den Nationalismus, diese giftigste aller Drogen, von der François Mitterrand drei Wochen vor seinem Tod in seiner Abschiedsrede vor dem Parlament sagte, er bedeute und habe immer bedeutet und werde immer nur eines bedeuten: Krieg.«

Die Anfänge dieses Krieges würden im Stammesdenken liegen, das sich zu immer kleineren Scheinidentitäten verengt, »Oberinntaler gegen die Unterinntaler, das Rauriser Tal gegen das Gasteiner Tal, der untere Teil des Tales gegen den oberen Teil, dieses eingefleischte Stammesdenken, der Versuch, die Identitäten des Menschen immer enger und enger zu machen, bis drei Häuser gegen drei andere Häuser stehen, das ist der Vorgang, der in jedem Kaff passiert, aber auch in Europa. Und wir haben jetzt nicht den Mut, nicht die Kraft, zwischen dieser Erschöpfung des Alten und dem noch nicht begonnenen Neuen ein Europa zu schaffen, das Tabula rasa macht mit dem Mummenschanz des 19. und beginnenden 20. Jahrhunderts.«

Nach dieser Entlassung aus dem Gefängnis der Nachkriegsgeschichte taumle Europa ins 19. Jahrhundert zurück: »Das war ja auch modern, die Technik hatten sie auch schon ... die Kurfürsten haben wir jetzt auch wieder und sie streiten sich wie im 18. und 19. Jahrhundert, genau in derselben Art, nur ja nicht Europa hervorbringen, nur ja kein Zentrum, nur ja kein überwölbendes Recht, nur ja keinen Beginn eines neuen Europa, sondern zurück, zurück, zurück. Und in Österreich? Hauptsache, eine Insel, wenn auch der Unseligen. Als sich nach dem Fall des Eisernen Vorhangs die Nebel gelichtet haben, haben wir gesehen, wir sind keine Insel der Seligen, wir sind überhaupt keine Insel, wir sind umgeben von Nachbarn. Diesen Kulturschock haben wir bis heute nicht verwunden. Und erklären halt alles jenseits der Grenzen zum Fremden. Das macht auch ein Meer dazwischen, das macht auch Wellen, da gehen auch Leute unter.«

Er habe in Brüssel im Parlament hundertmal gesagt, wer zurück wolle ins 19. Jahrhundert, sollte bedenken, dass darauf das 20. folgt, erregt sich Johannes Voggenhuber. Jetzt seien wir wieder im Europa des Nationalismus, der machtpolitischen Balancen, der Achsenbildungen, des Strebens nach Vorherrschaft, der Rivalitäten. Die Flüchtlingsdebatte sei dazu nur allzu willkommen, ein Vorwand.

»Ich war am Graben in Wien, als die reichen Russen begonnen haben, hier einzukaufen. Ich war in Salzburg in der Getreidegasse, als die verhüllten Araberinnen die Juwelierläden stürmten. Zell am See als neue arabische Metropole hat das Fremde herzlich willkommen geheißen, hat sich daran erfreut, dass es verschleierte Frauen nicht nur in Kinderbüchern und in Illustrierten und in Dokumentarsendungen und in ›Lawrence von Arabien‹ gibt, sondern dass man die wirklich sehen kann, dass es die echt gibt und dass die Menschen sind. Ich kann dem Sarkasmus nicht ausweichen: Das Geld ist hierzulande das Einzige, was Menschen fremd oder nicht fremd macht.«

Ein Salzburg, dessen Landeshauptmann sich als Bewahrer des Abendlandes geriere und der von den faktischen Grenzen der Menschenrechte rede, der habe 15 Millionen Nächtigungen pro Jahr, darunter Araber, Russen, Menschen aus der ganzen Welt, Muslime, Buddhisten. »Sogar Deutsche verkraften wir«, lacht der geborene Redner. »Leider müssen wir sagen: Was fremd ist, definiert ausschließlich, ob sie uns Geld bringen oder nicht. Das ist das ganze Geheimnis. In Salzburg brüsten sie sich mit den Fremden, sie empfangen sie, sie singen Hymnen auf die Weltoffenheit der Stadt und der Region, dass sie ein Magnet seien für die Menschen aus aller Welt, es ist für sie ein Kernattribut ihrer Region, dass diese Menschen alle kommen. Wie die Zweitwohnungsbesitzer zeigen, ist es auch kein Problem, dass die Menschen länger hier leben. Es ist nicht so, dass man sagt, ja, die fahren nach 14 Tagen wieder heim, nein, die integrieren sich mühelos, aber eben nicht geldlos. Die sind nicht in Not, die brauchen keine Hilfe, die kosten nichts, die bringen etwas. Und damit fällt das ganze heutige Gerede vom Fremden weg.«

Johannes Voggenhuber ist leidenschaftlicher Koch und bekocht Menschen aus allen möglichen Herkunftsländern. »Ich koche auch Speisen aus allen Ländern, die ich bereist habe, manchmal kunterbunt, die Beilage aus dem einen Land und die Hauptspeise aus dem anderen. Oder einen Tisch voller levantinischer oder maghrebinischer oder italienischer oder österreichischer Vorspeisen. Auch die Gäste sind aus aller Herren Länder, weil meine Freunde aus aller Herren Länder sind. Ich würde es als unglaubliche Verarmung betrachten, wenn es anders wäre. Es ist ja auch interessant, dass für die einfachen Dimensionen der menschlichen Existenz – eingespannt zwischen Geburt und Tod und zwischen Liebe und Hass – überall ein einfaches Vokabular vorherrscht. Was Menschen essen, was sie dabei tragen, in welcher Sprache sie es sagen, welche Färbungen sie dem geben, welche Metaphern aus ihrem Kulturkreis oder aufgrund ihrer Herkunft sie verwenden, das bereichert enorm. Es ist ganz gut, jemanden über Einsamkeit, eine existenzielle Dimension, reden zu hören, der die Wüste kennt. Und man kann ihm interessanterweise als Mensch, der das Hochgebirge kennt, antworten und er versteht es auf der Stelle, weil die Phänomene dieselben sind. Dort und da kann sich das Wetter in einer halben Stunde ändern und ein paar Touristen, die es nicht glauben wollen, werden da wie dort unversehens davon überfallen.«

Von den Fremden habe er zu denken gelernt. Sogar zu fühlen, sagt er nach einer Pause. Es sperre sich nur dort, wo das Nachdenken über die menschliche Existenz zu Urteilen geführt hat. »Ich bin ein Europäer. Europa wird für mich im Innersten zusammengehalten durch eine gemeinsame Ideengeschichte. Dieser Kontinent, dreist wie er in seiner Definitionsmacht schon immer war, hat ja die Kontinente ›erfunden‹, wie so vieles andere auch. Und hat sie nach aristotelischer Logik definiert: eine große Landmasse, umgeben von Wasser. Und hat an die erste Stelle aller Kontinente Europa gesetzt, das aber in Wahrheit dieser Definition gar nicht entspricht. Europa ist eine kleine, zerrissene Halbinsel Asiens, ein Kap, wie Derrida es nennt. Mit wie viel größerem Recht hätten sich danach Südamerika und Nordamerika oder Indonesien zu eigenen Kontinenten erklären können. Das Interessante daran ist, dass die gesamte übrige Welt über all die Jahrhunderte diese dreiste Selbstüberhebung Europas unwidersprochen übernommen hat. Sie hat diesen eurozentrischen Gewaltakt, sich selber zum ersten Kontinent zu erklären, anerkannt. Weshalb hat sie das getan, obwohl sie bis über den Kolonialismus hinaus Europa doch nur über seine untereinander chronisch verfeindeten Nationalstaaten erfahren hat? Die Welt hat die Einheit Europas anerkannt, weil es bei aller Vielfalt eine geistige Identität hat. Deshalb liegen für mich die Grenzen Europas dort, wo seine Ideengeschichte aufhört.« Deshalb sei er auch immer ein Gegner des türkischen Beitritts gewesen.

Dieses universal denkende Europa habe über die Existenz des Menschen nachgedacht. »Es ist der einzige Kontinent – wenn ich jetzt über alle seine Abgründe und Verbrechen hinweg auch einmal eine Hymne auf Europa singen darf –, der von Anfang an durch all die Jahrhunderte darüber nachdachte, was ist der Mensch, nicht, was ist ein Chinese, was ein Aschanti, sondern: Was ist der Mensch? Diese Frage ist der Ursprung einer großen, universal gültigen Darstellung des Menschen, unabhängig von Herkunft, Rasse, Religion, Weltanschauung, Geschlecht oder Alter. Deshalb stehen rassistische Gewalttaten, der Nationalsozialismus und jeder Totalitarismus auch in einem so ultimativen Widerspruch zu den Ideen Europas.« Sie seien der Verrat an Europa schlechthin, der Verrat an dem, was diesen Kontinent im Innersten zusammenhalte: die unantastbare Würde der Person, ihre Freiheit, ihre Gleichheit, ihre Grundrechte, die Demokratie, die Republik, der Rechtsstaat, die Gewaltenteilung, die Trennung von Religion und Staat. »Das sind in allen europäischen Kulturen, so verschieden sie sein mögen, die Ankerpunkte der gemeinsamen Identität.«

Es gebe ein altes Gesetz der Naturwissenschaft, wie die Natur vorgeht: kleinstmöglicher Umfang bei größtmöglicher Ausdehnung und größtmöglichem Inhalt. Der Kreis wäre da vollkommen. Europa widerspreche diesem Naturgesetz massiv, es folge in seiner Gestalt geradezu dem gegenteiligen Prinzip. »Als Organ könnte man es mit der Lunge vergleichen, die mit ihren Lungenbläschen die größtmögliche Oberfläche bildet, um von außen den Sauerstoff aufzunehmen. Europa umschließt mit einer schier unendlichen Küstenlinie sein relativ schmales Territorium. Es ist der Welt gegenüber in einer Weise aufgerissen und offen, dass es kaum etwas Vergleichbares gibt. Es ist ein atmender Kontinent, der immer mit der

Welt im Austausch war. Die Portugiesen mussten sich fragen, was dort drüben ist. Die Römer mussten sich fragen, was auf der anderen Seite des Mare nostrum ist. Beständig haben wir uns gefragt, was ist da drüben, was ist jenseits der vielen Horizonte? Das hat China nicht gemacht. Es hat vor Jahrhunderten über Nacht gar die Seefahrt abgebrochen, die Schiffe verbrannt, um nicht mehr mit den ›schädlichen Einflüssen‹ der Welt in Berührung zu sein. Wir haben bei allem Unglück, das wir anrichteten, weil wir glaubten, wir müssten anderen ›die Zivilisation‹ bringen, nach außen geblickt. Europa ist auch ein auf das Fremde und damit auf die ganze Welt konstitutionell angewiesener Kontinent. Er weist nur etwa 30 Prozent dichter besiedelte Fläche auf, besteht aus gewaltigen Gebirgszügen, Seenlandschaften, Permafrostgebieten. In weitesten Teilen sind es von jedem Ort im Inneren dieses Kontinents nur ein paar hundert Kilometer zum Meer. Daher waren wir beständig der Welt ausgesetzt, im Positiven wie im negativen Sinn. Informationen von jenseits der Horizonte verbreiteten sich in Windeseile bis zum letzten Dorf. Europa ist wie ein einziges Sinnesorgan zum Erfassen der Welt. Immer hat das Fremde Europa mit konstituiert. Die unbändige Kraft Europas, das Fremde, die Welt mit all ihrem Wissen, ihren Lebensformen, ihren Fähigkeiten und ihren Menschen aufzunehmen und sie für seine einzigartige Ideenwelt zu begeistern, sich das Fremde anzuverwandeln, um mit ihm Neues zu versuchen, schuf die Einheit Europas und unsere wahre Identität als Europäerinnen und Europäer.«